FACULTÉ DE DROIT DE PARIS.

# THÈSE

POUR

# LE DOCTORAT,

PAR

## RENÉ BETHMONT.

PARIS

TYPOGRAPHIE HENRI PLON,

RUE GARANCIÈRE, 8.

Avril 1855.

DE LA

# SÉPARATION DES PATRIMOINES

# A MON PÈRE.

# DE
# LA SÉPARATION DES PATRIMOINES

## EN

# DROIT ROMAIN.

---

## INTRODUCTION.

1. La mort d'une personne a pour effet de trans-porter sur une autre personne les droits actifs et passifs de celui qui n'est plus.

Celui qui se trouve investi, soit par la volonté de l'homme, soit par la volonté de la loi, de la qualité nécessaire pour qu'une pareille translation ait lieu s'appelle *héritier*.

L'héritier remplace le défunt; il *continue* sa personne. Les conséquences de ces principes sont trop connues pour qu'il soit nécessaire de s'y arrêter.

2. Les créanciers du défunt peuvent gagner à la mort de leur débiteur. En effet, les biens du défunt ne périssent pas avec lui, et de plus, ils acquièrent dans la personne de l'héritier un nouveau débiteur dont les biens leur apportent une garantie nouvelle de payement. C'est ce qui arrivera quand l'héritier aura par lui-même un patrimoine dont l'actif dépassera le passif.

Mais aussi qu'arrivera-t-il lorsque le patrimoine de

l'héritier comprendra des dettes supérieures à son actif ? Dans ce cas, les créanciers du défunt peuvent encore gagner à l'acceptation de l'héritier, mais ils peuvent perdre aussi.

Ils gagneront à l'acceptation lorsque l'héritier se trouvera moins insolvable que ne l'était le défunt. Supposons, par exemple, que le défunt ne pût payer que 50 pour 100 de ses dettes et que l'héritier puisse payer 80 pour 100 des siennes. Évidemment la confusion du patrimoine du défunt avec celui de l'héritier sera utile aux créanciers du défunt.

Les créanciers du défunt perdront au contraire à la confusion des patrimoines quand l'héritier se trouvera plus insolvable que ne l'était le défunt. Supposons que le défunt pût payer 80 pour 100 de ses dettes et que l'héritier ne puisse payer que 50 pour 100 des siennes. Dans ce cas, la confusion des patrimoines sera nuisible aux créanciers du défunt, obligés de subir le concours des créanciers de l'héritier.

3. La confusion des patrimoines peut donc nuire aux créanciers du défunt, et dans ce cas elle est utile à l'héritier et aux créanciers de l'héritier, et elle peut profiter aux créanciers du défunt, et dans ce cas elle nuit à l'héritier.

Le principe de la confusion admis, ces conséquences sont logiquement déduites, et le droit civil romain n'était dans sa pureté que ce que nous venons d'exposer sommairement. Mais nous le savons, si le droit romain brille par la netteté de ses principes, par la manière franche et hardie avec laquelle il sait accepter toutes leurs conséquences, il ne brille pas moins par son équité. Et ces deux idées, logique absolue, équité toujours respectée, ces deux idées qui semblent s'exclure l'une l'autre, le droit romain a su les concilier d'une façon admirable au moyen du pouvoir qu'il accordait aux magistrats. Dans la matière qui fait l'objet de ce travail, l'on rencontre (comme dans toutes les autres parties du droit romain), le droit prétorien, venant corriger ce que la logique du droit civil pouvait avoir d'inflexible.

4. Il était naturel que dans son œuvre de correction le préteur amendât d'abord le résultat le plus inique produit par l'application du droit civil. Ce fut donc au cas d'institution d'un héritier nécessaire que le préteur vint par son pouvoir empêcher tous les effets produits par la confusion des patrimoines [1].

Nous savons qu'il était passé en coutume que le Romain mourant insolvable pouvait par son testament nommer, en lui donnant la liberté, un de ses esclaves pour héritier. Les créanciers du défunt venaient demander au préteur l'envoi en possession des biens de l'héritier nécessaire. Mais cette expropriation forcée ne libérait pas l'esclave héritier nécessaire. Dépouillé des biens actifs de la succession, il ne quittait la servitude que pour une liberté chargée de dettes; son avenir était enchaîné, le fruit de son travail futur appartenait à des créanciers qui jamais personnellement ne lui avaient

---

[1] Nous n'avons trouvé aucun texte qui nous autorisât à affirmer positivement que ce fût là l'origine du bénéfice de séparation; mais cependant il nous semble que ce cas devait plus que tout autre attirer l'attention du préteur. Enfin les Institutes de Justinien ne citent que ce cas d'application du bénéfice de séparation, et nous sommes autorisé jusqu'à un certain point à en conclure que ce ne fut que par une extension à des cas analogues que la *separatio bonorum* prit une place plus large dans le droit romain.

été utiles et qui avaient acquis sur lui des droits sans qu'il pût les éviter [1]. Le préteur ne pouvait rester insensible à une pareille injustice, et il dut écouter avec faveur l'esclave qui lui dit : « *Que les biens de mon maî-* » *tre soient vendus sous mon nom et que sur moi retombe* » *l'infamie de l'insolvabilité, cela doit suffire. Mais pour-* » *quoi m'empêcher de gagner par mon travail l'aisance* » *dans la liberté* [2] ? » Le préteur trouva un moyen détourné pour échapper aux conséquences de la confusion des patrimoines : « *Pro hoc tamen incommodo illud ei* » *commodum præstatur ut ea quæ post mortem patroni* » *sui sibi adquisierit* [3]*, ipsi reserventur et quamvis bona* » *defuncti non sufficerint creditoribus, iterum ex eâ* » *causâ res ejus quas sibi adquisierit non veneunt.* » (Inst. II, xix, § 1).

5. La place qu'occupe dans le Digeste et dans le Code la séparation des patrimoines nous prouve comment le préteur était conduit à accorder ce bénéfice. Au Digeste, la séparation des patrimoines fait suite au titre : *De rebus auctoritate judicis possendis.* Au Code, le titre *De separationibus* se confond avec le titre *De bonis auctoritate judicis possedendis, seu venundandis.* C'est qu'en effet le bénéfice de séparation (remède apporté à la confusion des patrimoines) était demandé au préteur lorsque ceux qui avaient intérêt à cette confusion venaient demander au préteur l'envoi en possession des patrimoines confondus. Le préteur accordait l'envoi

---

[1] Cujas, *Tractatus* 8 *ad Africanum.*

[2] Lauterbach.

[3] Ex aliâ causâ quàm hæreditariâ. Nam si ex hæreditate bona adeat etiam creditores hæreditarii admittentur. — Cujas, Inst., liv. II, t. xix, § 1. — Lex si creditores, ff. h. t.

en possession, mais limitait les biens sur lesquels devait porter cet envoi en possession, et, rescindant la confusion opérée par le droit civil, faisait deux patrimoines là où le droit civil ne voyait qu'un seul patrimoine. La place que le titre *De separationibus* occupe au milieu des textes du droit romain nous montre que la séparation des patrimoines est un des accidents de la procédure d'envoi en possession.

Telle fut, selon nous, l'origine des mesures diverses que le préteur d'abord et plus tard les empereurs ont prises pour échapper aux conséquences de la confusion des patrimoines. On porta d'abord secours aux esclaves héritiers nécessaires, parce qu'ils avaient le plus à souffrir. Le préteur, également touché du sort des héritiers *sui et necessarii*, leur accorda le *beneficium abstinendi*[1]. C'était au fond la même chose que la séparation de biens accordée à l'esclave héritier nécessaire. Plus tard on vint au secours des héritiers *extranei*, héritiers dont la position était moins digne de faveur, puisque, s'ils souffraient de la confusion des patrimoines, ils pouvaient se l'imputer jusqu'à un certain point, ayant fait volontairement adition. On leur accorda cependant *potestas deliberandi*[2]. Quant à la restitution *in integrum* accordée à tout mineur de vingt-cinq ans héritier *suus et necessarius*, ou même héritier *extraneus*, cette restitution n'étant à vrai dire qu'une conséquence du système général de protection accordé aux mineurs de vingt-cinq ans[3], nous la passerions sous silence si elle n'avait pas été la source du bénéfice accordé par *Adrien*

[1] Inst., liv. II, t. xix, § 2.
[2] *Ibid.*, § 5.
[3] *Ibid.*

à un particulier, étendu par *Gordien* aux militaires.
Toutes ces mesures aboutirent à la mesure générale de
*Justinien*, dont nous parlent les Institutes au § 6 du
titre XIX, livre II [1].

6. Nous venons d'esquisser rapidement les déroga-
tions que la pratique sanctionnée par le pouvoir légis-
latif avait introduites en ce qui concerne la position
fâcheuse faite aux héritiers par les principes du droit
civil sur la confusion des patrimoines. Mais, ainsi que
nous l'avons dit plus haut, la confusion des patrimoines
peut nuire aux créanciers du défunt; et le même principe d'équité qui amena le préteur à accorder son secours aux héritiers devait le conduire à donner un
secours analogue aux créanciers du défunt.

Les Institutes de Justinien sont muettes à cet égard.
Elles ne mentionnent que les secours accordés aux héritiers lésés par la confusion. Mais le Digeste nous montre
que le bénéfice de séparation accordé à l'esclave héritier nécessaire fut également accordé aux créanciers
héréditaires que la confusion lésait [2]. Ce même secours
fut aussi accordé aux légataires [3].

7. Cet aperçu nécessairement incomplet des secours
que la jurisprudence romaine apporta aux personnes
lésées par la confusion des patrimoines montre qu'il
serait utile de les étudier tous dans un même travail.
Mais ce champ eût été trop vaste pour une simple thèse;
et dans les diverses parties que présente cet ensemble,
nous avons choisi pour sujet de nos recherches *la séparation des patrimoines*. Cette matière a d'ailleurs l'avan-

---

[1] Cod. 22, *De jure deliberandi.*
[2] Lex 1, § 1, *De separat.*, ff.
[3] Lex 6, pr., *De separat.*, ff.

tage d'être assez indépendante des autres modifications apportées à la confusion des patrimoines, et de plus, ayant précédé les autres modifications, elle se présente sans précédents historiques et d'une façon plus tranchée.

8. Nous nous demanderons dans un premier chapitre *ce qu'est la séparation des patrimoines*, le second chapitre répondra à la question : *quels sont les effets de la séparation des patrimoines ?*

CHAPITRE I. — QU'EST-CE QUE LA SÉPARATION DES PATRIMOINES ?

Section I. — *Dans quelle forme doit-on demander la séparation des patrimoines ?*

Section II. — *Dans quels cas peut-on la demander ?*

Section III. — *Qui peut la demander ?*

Section IV. — *Contre qui peut-on la demander ?*

Section V. — *A l'égard de quels biens et dans quel délai peut-elle être demandée ?*

CHAPITRE II. — DES EFFETS DE LA SÉPARATION DES PATRIMOINES.

# CHAPITRE PREMIER.

## QU'EST-CE QUE LA SÉPARATION DES PATRIMOINES?

### Section I.

*Dans quelle forme doit-on demander la séparation
des patrimoines?*

9. Comme nous l'avons dit plus haut (n° 4), la *separatio bonorum* est l'œuvre du préteur. Sans vouloir entrer ici dans l'examen des cas où elle est accordée, nous dirons que c'est presque toujours à la requête soit de l'esclave institué héritier, soit des créanciers de la succession déférée à un insolvable ou à un héritier plus insolvable que la succession. C'est, comme nous l'avons expliqué, une dérogation toute prétorienne [1].

La séparation des patrimoines peut être comparée jusqu'à un certain point à une *exception*. En effet, à la demande d'envoi en possession de biens faite par les créanciers de la succession, l'héritier nécessaire répond par la demande de séparation des patrimoines ; à la demande de l'héritier d'être mis en possession des biens de l'hérédité, les créanciers héréditaires répondent en demandant la séparation des patrimoines. Absolument comme en matière d'obligation, lorsque le créancier se présente devant le préteur pour obtenir une formule, le débiteur peut obtenir du préteur l'insertion d'une exception dans la formule ; et de même

---

[1] Cela est important à constater pour beaucoup de raisons.

que le préteur est souvent maître d'accorder ou de
refuser l'insertion de l'exception, de même ici le préteur peut refuser ou accorder la séparation des patrimoines. Il ne faudrait pas cependant pousser trop loin
l'analogie; car, s'il est vrai de dire qu'en principe [1] le
préteur accorde ou refuse la séparation des patrimoines, nous savons qu'en matière d'exception il est quelquefois tenu d'insérer l'exception. Ce pouvoir absolu
du préteur en matière de séparation semble résulter
des textes que nous venons de citer. Nous comprenons
que tel dut être le commencement des choses; alors
que pour la première fois le bénéfice de séparation fut
accordé, ce fut une faveur, équitable sans doute, mais
cependant une faveur dont le préteur seul pouvait
apprécier l'opportunité. En fut-il toujours ainsi? Malgré
les textes, nous en doutons, et nous pensons qu'il vint
un temps où, si la forme à observer pour obtenir la
séparation des patrimoines était toujours la même,
cependant le droit à l'obtention n'était plus le même.
Sous Justinien, nous pensons que l'esclave institué
héritier demandant la séparation des patrimoines *devait*
être écouté. Les Institutes, en nous parlant de la séparation des patrimoines au § 1 du titre XIX du livre II,
ne nous disent pas du tout qu'il fallût l'examen du
préteur, comme le disent les textes du Digeste. Les
Institutes parlent d'une manière affirmative, et nous
pensons que ce bénéfice, que les textes du Digeste
nous présentent comme un secours très-probable, mais
non pas certain, devint un droit, absolument comme
l'envoi en possession des biens d'un débiteur.

---

[1] L. 4, § 14, h. t. ff. — L. 2, h. t. 6.

10. De ce que la séparation des patrimoines était presque toujours la contre-partie d'une demande d'envoi en possession, il ne s'ensuit pas qu'il dût toujours en être ainsi. Cela devait arriver le plus souvent par la nature même des choses. En effet, celui contre lequel il y a des motifs pour demander la séparation des patrimoines doit être pressé d'arriver à une confusion qui lui est utile ; il demandera promptement l'envoi en possession. Et c'est pour cela que dans les textes la séparation des patrimoines se présente presque toujours comme correctif de la demande d'envoi en possession. C'est pour cela que la séparation occupe au Digeste la place que nous lui connaissons, et que dans le Code elle est mêlée à l'envoi en possession. Mais devait-il toujours en être ainsi ? Nous ne le pensons pas. D'une part, les créanciers du défunt peuvent ne pas inquiéter l'héritier nécessaire ; d'une autre part, l'héritier insolvable peut ne pas demander l'envoi en possession des biens de l'hérédité. Dans le premier cas l'héritier, dans le second les créanciers héréditaires perdront-ils le bénéfice de la séparation ? Nous ne le pensons pas ; nous ne croyons pas qu'il leur faille attendre une demande d'envoi en possession pour pouvoir à leur tour demander la séparation. La loi 2 au Code n'exige pas, pour que le créancier héréditaire obtienne la séparation, que l'héritier soit envoyé en possession de l'hérédité. Notre doctrine nous semble d'ailleurs une conséquence forcée du délai imposé à la demande de séparation des patrimoines. En effet, cinq ans après l'adition d'hérédité (quand elle est nécessaire), et nous le pensons (bien qu'aucun texte ne le dise formellement), cinq ans après la mort du *de cujus*, dans le cas

où l'adition n'est pas nécessaire, il n'est plus possible de demander la séparation des patrimoines. Que serait-il arrivé? Celui qui avait intérêt à la confusion des patrimoines n'aurait pas demandé l'envoi en possession, il eût laissé écouler les cinq ans depuis l'adition d'hérédité ou depuis la mort du *de cujus,* selon les cas, et n'aurait demandé l'envoi en possession que ces cinq années écoulées. Il eût pu le faire alors sans craindre la demande de séparation des patrimoines. Un tel résultat n'est pas possible, et nous en concluons que, sans attendre la demande d'envoi en possession, celui qui pourrait obtenir la séparation, l'envoi en possession accordé, peut obtenir la séparation avant l'envoi en possession.

11. Les fonctions que le préteur remplissait à Rome étaient remplies dans les provinces par des magistrats qui portaient un nom différent.

Dans les provinces de l'empereur, outre le chef militaire, il y avait un chef judiciaire qui, entre autres attributions, avait les pouvoirs du préteur à Rome. Ce chef judiciaire était le *præses.*

Dans les provinces du sénat, le magistrat qui remplissait les mêmes fonctions que le *præses* impérial était le *proconsul.*

Peu à peu cessa la distinction en provinces du sénat, provinces de l'empereur. Les magistrats des provinces sénatoriales adoptèrent le nom que le maître avait donné aux magistrats des provinces qu'il commandait. Les *proconsuls* devinrent *præsides* [1]; c'est ce qui explique que les textes [2] du Digeste ne nous par-

---

[1] Bonjean, *Des actions*, liv. I, § 67, p. 156.
[2] L. 1, § 14, h. t.

lent que du préteur et du président dans la matière qui nous occupe.

C'était donc au *præses* de la province que devait s'adresser en dehors de Rome celui qui jouissait du droit romain et qui voulait obtenir la séparation des patrimoines.

Il nous paraît certain qu'en cette matière il n'était nullement besoin d'avoir recours à un juge; le préteur ou le président rendaient un décret absolument comme un président du tribunal civil en France rend une ordonnance de référé. « *De his autem omnibus an ad-* » *mittenda sit separatio nec ne : prætoris erit vel præ-* » *sidis notio, nullius alterius. Hoc est ejus qui separatio-* » *nem indulturus est.* » (L. I, § 14.)

## Section II.

### *Dans quels cas peut-on demander la séparation des patrimoines?*

12. Le préteur romain n'avait pas, en introduisant le bénéfice de la séparation de biens, limité ce bénéfice au cas de créanciers héréditaires demandant l'attribution exclusive (jusqu'à entier payement) des biens du défunt. Bien plus, le bénéfice de séparation avait pris naissance dans un tout autre cas, comme nous l'avons vu plus haut. Il ne faut pas en droit romain chercher une théorie spéciale de la séparation des patrimoines, mais plutôt chercher dans les textes du Digeste à quels cas le préteur appliquait ce moyen de prévenir les injustices nées de la confusion des patrimoines.

*Cujas*, qui s'est beaucoup occupé de cette matière,

ne reconnaît que cinq cas d'application de la séparation des patrimoines [1] :

I. Le cas où l'héritier nécessaire veut mettre ses biens à venir à l'abri des créanciers héréditaires [2];

II. Le cas où les créanciers héréditaires craignant l'insolvabilité de l'héritier demandent que le patrimoine du défunt leur soit attribué [3];

III. Le cas de séparation accordée aux créanciers du pécule *castrens* d'un fils de famille contre les créanciers *qui cum eo contraxerunt antequam militaret* [4];

IV. Le cas de séparation accordée au patron héritier d'un affranchi qui a accepté une succession onéreuse; la séparation s'opérant alors entre les biens de l'affranchi et la succession qu'il a recueillie *ne patronus oneraretur ære alieno* [5];

V. Le cas de séparation accordée au fils de famille; ce qui lui donne le droit de séparer les biens de son pécule des biens de son père, quand ceux-ci sont occupés par le fisc [6].

13. La lecture des différents textes que nous venons de citer pour justifier la nomenclature des cas où le préteur accorde la séparation des patrimoines prouve ce que nous avons déjà dit, que la séparation n'est qu'un accident, une complication de la procédure d'exécution forcée. Seulement c'était une complication

---

[1] Cujas, *De separationibus*, t. VI, liv. XLII, ff. — *De bon. aut.*, t. LXXII, liv. VII, Codex. — Opera posth., *ibid.*
Voët, *De separat.*, t. II, p. 674 et seq.

[2] *Inst.* de Justinien, liv. II, tit. XIX, § 1. — Lex 1, § ult., h. t. ff.

[3] Lex 1 et aliæ, h. t. ff.

[4] Lex 1, § 9, h. t. ff.

[5] Lex 6, h. t. ff.

[6] Lex 3, § 4, *De minoribus*, ff.

qui dépendait de la volonté du préteur ; il n'accordait
cette séparation que *cognitâ causâ*. Pourquoi ? Est-ce,
comme le dit *Voët* [1], parce qu'une pareille demande
est une injure faite à celui contre qui elle est dirigée ?
Sans doute cette considération ne manque pas de valeur ; mais nous croyons que la raison principale de ce
pouvoir discrétionnaire accordé au préteur est une raison de procédure. Il ne faut pas compliquer la procédure
d'exécution forcée sans de sérieux motifs. Il faut que la
confusion nuise d'une manière évidente à l'impétrant.
Ce n'est pas à dire que le préteur n'accordât jamais le
bénéfice de séparation que quand la demande était
fondée, puisque dans notre titre nous voyons qu'il
est un cas où le préteur restitue contre la séparation
des patrimoines des créanciers qui l'avaient demandée
imprudemment [2].

14. Faut-il conclure de la décision de *Cujas* qu'il n'y
ait que cinq cas auxquels s'applique le bénéfice de séparation ? En aucune façon, car dans le titre même que
nous étudions il est trois autres cas dans lesquels le
préteur arrête les mauvais effets de la confusion par la
séparation :

VI. Au cas où les créanciers de l'héritier sont frauduleusement lésés par l'adition d'hérédité [3] ;

VII. Au cas où le fiduciaire, forcé d'accepter une
hérédité suspecte, ne trouve personne à qui restituer
cette hérédité [4] ;

VIII. Au cas où le fiduciaire ne voulant pas user du

1 Voët, *De separ.*, § 3.
2 L. 1, § 17, h. t. ff.
3 L. 1, § 5, h. t. ff.
4 L. 1, § 6, h. t. ff.

bénéfice de séparation, ses créanciers demandent au préteur de le leur accorder [1].

Le premier de ces trois cas d'application de la séparation se présentera rarement; Ulpien le reconnaît lui-même.

Les deux derniers cas sont aussi assez rares. En effet, il arrivera peu fréquemment qu'un fiduciaire forcé de faire adition ne trouve pas quelqu'un à qui rendre l'hérédité. Cependant il est possible que cela arrive, et nous concevons alors que dans une telle circonstance le préteur accorde le bénéfice de séparation à celui qui a fait adition malgré lui. Nous concevons également qu'un pareil bénéfice soit accordé aux créanciers de cet héritier alors même que lui fiduciaire ne demande pas cette faveur. On ne peut pas leur dire qu'ils ont suivi la foi de leur débiteur, lequel est resté libre de contracter de nouvelles dettes. Les créanciers du fiduciaire répondraient avec raison que leur débiteur n'a pas voulu grever son actif des dettes de la succession, qu'il a été forcé d'accepter cette succession, et que cette acceptation forcée a été une garantie pour eux créanciers, garantie qui les a empêchés peut-être de poursuivre leur débiteur, certains qu'ils étaient que cette acceptation forcée ne pouvait avoir aucune conséquence mauvaise pour eux. Ces créanciers pourraient ajouter qu'ils ne doivent pas souffrir d'un découragement tardif qui s'empare de leur débiteur à la vue de sa position obérée par une succession qu'il croyait dans le principe nulle comme dangers.

Nous nous sommes demandé pourquoi *Cujas* a com-

---

[1] L. 1, § 6, h. t. ff.

plétement omis de parler de ces trois cas d'application
de la séparation des patrimoines. Regardait-il ces faits
comme devant se produire trop rarement pour qu'il fût
nécessaire d'en parler? Pensait-il au contraire qu'il n'y
avait pas là, à proprement parler, une application du
bénéfice de séparation? Dans ce dernier cas il eût dû
au moins combattre l'erreur. *Voët* ne fait aucune différence entre les cinq cas reconnus par *Cujas* et les trois
par lui non mentionnés. *Voët* dit seulement que ces cas
se présenteront rarement, *Pothier* est de cet avis. Ce qui
a causé l'oubli de *Cujas* n'est pas, selon nous, la pensée
qu'il y a erreur à trouver dans les trois cas dont il
s'agit une application du bénéfice de séparation; la
cause de cet oubli c'est l'idée que la séparation des
patrimoines est surtout un bénéfice accordé aux créanciers héréditaires. *Cujas,* dans les cinq cas qu'il reconnaît, n'en voit qu'un seul de véritable, les autres
ne sont pour lui que des extensions auxquelles il
accorde peu d'attention; il énumère quelques-unes de
ces extensions et laisse les autres de côté. Nous ne pouvons mieux prouver cette opinion de *Cujas* qu'en citant
les derniers mots de son résumé sur la matière : « *Ut*
» *cum non de uno genere separationis hoc titulo tractetur*
» *rectè videatur plurativo nomine ita conceptus, de sepa-*
» *rationibus; maxima tamen pars ejus ut de separatione*
» *illâ quæ hæreditariis creditoribus conceditur, ne credi-*
» *tores hæredis vendant etiam bona hæreditaria, aut ex*
» *venditione eorum bonorum partem aliquam ferant.* »

Nous étudierons dans les sections suivantes d'une
façon plus particulière les différents cas dans lesquels
la séparation des patrimoines est admise, nous conten-
tant dans cette section d'avoir énuméré ces cas divers.

## Section III.

### *Qui peut demander la séparation des patrimoines?*

15. En parcourant les divers cas d'application de la séparation des patrimoines que nous donne le Digeste, nous voyons que le bénéfice de séparation est accordé tantôt à l'héritier, tantôt aux créanciers de l'héritier, au fils de famille, quelquefois à certains créanciers du fils de famille, enfin, et ce sera le cas le plus fréquent d'application, aux créanciers et aux légataires de la succession.

La séparation est accordée à l'héritier dans trois cas différents.

1° Un esclave est institué héritier par un maître insolvable, il est nécessairement héritier, le préteur lui accorde la séparation des patrimoines [1]. C'est l'esclave seul qui peut demander cette séparation. S'il lui convient de payer toutes les dettes de son maître, d'engager son avenir à lui-même, le préteur n'accordera pas à ses créanciers ce qu'il accorde aux créanciers du fiduciaire forcé de faire adition.

2° Notre titre dans la loi 6, § 1, nous apprend que si une affranchie, instituée héritière et demandant la possession de biens *secundùm tabulas*, vient à mourir, son patron, héritier d'elle d'après la loi des douze tables [2], n'est pas tenu de recevoir la succession de son affranchie grevée de l'hérédité insolvable de Titius. Le jurisconsulte qui décide ainsi est l'auteur du fameux édit

---

[1] Nous n'insistons pas sur ce point, sur lequel nous nous sommes déjà expliqué dans notre introduction.

[2] *Instit.* de Justinien, liv. III, t. VII, pr.

perpétuel. *Salvius Julianus* décide que le patron pourra demander que la succession de Titius soit séparée de celle de son affranchie, de manière que lui, patron, arrive à la succession de son affranchie non grevée de celle de Titius. Pourquoi cette faveur? *Julianus* dit que l'équité le veut ainsi. L'équité ne nous paraît pas exiger une pareille dérogation au principe de la confusion des patrimoines, et nous sommes réduits à penser, pour expliquer la réponse de *Julien*, que dans l'espèce sur laquelle on lui demandait son avis il y avait des circonstances de fait telles, qu'elles pouvaient conduire à accorder le bénéfice de séparation. *Cujas* [1] ne fait aucune difficulté d'admettre l'opinion de *Julien*, il ne la discute pas, il se contente de poser l'espèce de la loi, et motive la décision comme le jurisconsulte romain l'avait motivée lui-même : « *Non est iniquum succurri* » *patrono.* »

Nous pensons que si les biens de Titius étaient confondus avec ceux de l'affranchie, le patron ne pourrait pas réclamer le bénéfice de séparation. L'esprit qui a dicté le § 12 de la loi 1 de ce titre nous semble exiger cette décision.

Le patron seul pourra demander la séparation. La faveur accordée aux créanciers du fiduciaire ne sera pas accordée aux créanciers du patron ; nous ne devons pas oublier qu'en cette matière, pour ce qui concerne les créanciers de l'héritier, la règle est : « *Sibi enim imputent qui cum tali contraxerunt* [2], » et que cette règle ne souffre que deux exceptions, dont nous aurons bientôt à parler.

---

[1] Cujas, *In Salvium Julianum*, lib. 46, Dig.
[2] L. 1, § 5, h. t. ff.

3° Vient enfin pour dernier cas où la séparation est accordée à l'héritier celui dont nous parle la loi 1 au § 6. Un fiduciaire trouve l'hérédité suspecte, il ne veut pas faire adition, car non-seulement il n'attend rien de sa part dans l'hérédité, mais même il pense que cette part lui sera onéreuse, et il refuse de faire adition. Le fidéicommissaire, en vertu du sénatus-consulte *pégasien* [1], force le fiduciaire à faire adition; puis, reconnaissant que l'hérédité est mauvaise et ne voulant pas en subir les conséquences, ce fidéicommissaire disparaît. Le fiduciaire se trouve ainsi chargé d'une hérédité mauvaise, et encore malgré lui. Dira-t-on : Mais il n'est pas tenu envers les créanciers? Le fidéicommissaire seul est tenu « *ei et in eum dantur actiones!* » Il est vrai que le fiduciaire poursuivi par les créanciers de la succession peut les repousser; mais à quelles conditions? A la condition qu'il leur opposera l'exception *restitutæ hæreditatis*, et à cette seule condition. S'il ne le peut pas, il sera condamné, car il a fait adition, lui seul est héritier; et si les actions sont données contre le fidéicommissaire, ce ne sont que les actions *utiles*. Le fiduciaire est héritier et les actions *directes* existent contre lui, « *semel hæres semper, hæres;* » il ne peut échapper à la condamnation que par l'exception *restitutæ hæreditatis*. Aussi le § 6 du titre des fidéicommis aux Instituts nous dit-il que les actions sont données contre celui *qui recipit hæreditatem*, et elles sont données *ac si juris est ex Trebelliano senatus-consulto* [2]. Or, dans l'espèce, le fidéicommissaire n'a pas reçu l'hérédité, puisqu'il est disparu, et les

---

[1] *Inst.* de Justinien, liv. II, tit. xxiii, § 6, in fine.
[2] *Ibid.*, § 4.

actions ne peuvent conséquemment être données contre lui ; le fiduciaire, ne pouvant opposer l'exception, reste exposé aux actions *directes*. Le préteur vient à son secours et lui accorde le bénéfice de séparation. Cela se comprend, le préteur n'a-t-il pas trouvé dans la position du fiduciaire une position analogue à celle de l'héritier nécessaire pour lequel il avait introduit le bénéfice de séparation? Comme l'esclave héritier nécessaire, le fiduciaire a été forcé d'être héritier, et même le fiduciaire a été forcé par le préteur. Il appartenait à la main qui avait fait le mal de le réparer.

16. Voyons dans quelles circonstances la séparation des patrimoines est accordée aux créanciers de l'héritier. Les textes du Digeste ne nous donnent que deux cas d'application du bénéfice de séparation aux créanciers de l'héritier.

1° Les créanciers du fiduciaire [1] peuvent user du droit que le préteur accorde à leur auteur. Nous avons déjà dit au numéro 14 la raison qui selon nous avait fait accorder ce bénéfice aux créanciers du fiduciaire. Nous nous sommes demandé si ce bénéfice devait être accordé et aux créanciers antérieurs à l'acceptation forcée de l'hérédité et aux créanciers postérieurs. La loi romaine ne distingue pas, et cependant ne pourrait-on pas, à l'inverse de ce qui se passe entre les créanciers du fils de famille qui a acquis un pécule *castrens* [2], décider que les créanciers postérieurs à l'acceptation forcée du fiduciaire ne seront pas écoutés du préteur s'ils demandent la séparation des patrimoines, qui ne serait accordée qu'aux créanciers antérieurs à l'accep-

[1] Lex 1, § 6, h. t. ff.
[2] Lex 1, § 9, h. t. ff.

tation? Nous pensons que dans l'espèce sur laquelle *Ulpien* écrivait la question ne s'était présentée qu'en ce qui touche les créanciers antérieurs à l'adition forcée. Ulpien n'a pas examiné la question au point de vue des créanciers postérieurs à cette adition forcée.

2° Un second cas de la séparation des patrimoines accordée aux créanciers de l'héritier nous est donné dans le § 5 de la loi 1. C'est dans ce paragraphe qu'*Ulpien* pose de nouveau [1] le principe qui défend d'accorder ce bénéfice aux créanciers de l'héritier : *Sibi enim imputent qui cum tali contraxerunt*. Et en effet il est contraire à tous les principes que les créanciers d'un individu se prévalent de leur antériorité pour refuser d'admettre en concours avec eux sur les biens de leur débiteur les créanciers postérieurs à eux. Mais d'un autre côté la fraude ne peut pas être admise, et si le débiteur n'a accepté la succession que frauduleusement, le préteur vient au secours des créanciers lésés. Nous nous sommes demandé pourquoi il leur accordait la séparation des patrimoines. Ces créanciers n'avaient-ils pas l'action *Paulienne? Cujas,* nous l'avons déjà dit, ne s'occupe même pas du § 5 de la loi 1. *Voët* se contente de citer ce paragraphe, il énonce la règle et l'exception à la règle, mais ne la discute pas. La raison qui a décidé le préteur nous semble évidente. Les créanciers de la succession, qui ont par collusion obtenu de l'héritier qu'il fît adition, doivent nécessairement demander sans délai l'envoi en possession. Le préteur ne peut pas leur refuser, et cependant aux réclamations des créanciers de l'héritier il reconnaît la fraude et l'iniquité de l'envoi en possession. Au lieu d'attendre que les créan-

[1] Lex 1, § 2, h. t. ff.

ciers de l'héritier intentent l'action *Paulienne*, il leur accorde de suite la séparation des patrimoines, et cela par une extension assez dans les habitudes prétoriennes. Si le préteur n'avait pas agi ainsi, les créanciers de l'héritier n'auraient eu dans l'action *Paulienne* qu'un secours que la dépossession complète de l'héritier aurait rendu illusoire.

17. Nous sommes arrivé à traiter d'une application toute spéciale du bénéfice de la séparation des patrimoines. Le § 9 de la loi 1 admet sans difficulté que certains créanciers d'un fils de famille peuvent demander contre les autres créanciers la séparation des patrimoines. Voici dans quel cas *Ulpien* accorde ce privilége tout particulier : un fils de famille a contracté des dettes alors que, suivant la loi commune, il n'avait aucun bien ; les hasards de la guerre lui ont donné un pécule qui, nous le savons, constituait le fils de famille père de famille quant à ces biens-là. En présence de ces faits, le jurisconsulte décide que si les créanciers devenus créanciers depuis l'acquisition du pécule *castrens* pensent que le concours des créanciers antérieurs à l'acquisition du pécule empêchera leur payement *in integrum*, ces créanciers postérieurs à l'acquisition du pécule *castrens* pourront demander la séparation des patrimoines. En somme, il n'y a pas, à proprement parler, séparation des patrimoines, car il n'y a là qu'un patrimoine, le pécule *castrens;* les autres biens que le fils a dans ses mains ne lui appartiennent pas. Il n'y a donc pas de confusion, et en réalité il n'y a pas lieu à la séparation des patrimoines proprement dite. Une chose même nous surprend, c'est que le préteur accorde aux créanciers postérieurs à l'acquisition du pécule un pareil bénéfice,

ou, pour mieux dire, un pareil privilége. Dira-t-on que les créanciers antérieurs à l'acquisition du pécule savaient que leur débiteur était un fils de famille sans pécule *castrens*, que les créanciers postérieurs à l'acquisition avaient au contraire compté sur ce pécule ? Ce serait une raison que pourrait seule admettre la rigueur du droit civil, pour lequel le fils n'est guère plus qu'un esclave. Mais pour le préteur, les engagements d'un fils de famille ne sont-ils pas aussi sacrés quand il les contracte sans avoir de pécule *castrens* que lorsqu'il les contracte ayant un pécule *castrens ?* S'il y a un privilége à accorder, ne doit-on pas l'accorder plutôt à celui qui a contracté alors que le débiteur n'avait pas de dettes, et l'antériorité ne devrait-elle pas plutôt constituer un droit de préférence sur le service postérieur ? Aucun des auteurs que nous avons lus ne s'occupe sérieusement de ce cas tout particulier de séparation des patrimoines ; tous le citent, aucun ne le discute. La décision du jurisconsulte ne nous semble équitable que dans l'hypothèse qu'il présente à la fin du paragraphe. Il dit que si des créanciers du fils sont devenus ses créanciers dans les affaires qu'il faisait au nom de son père, il faudra renvoyer ces créanciers sur les biens du père et laisser aux créanciers personnels du fils le pécule *castrens*. Cette décision, si elle est contraire au droit civil, est au moins équitable. C'est le père de famille en effet qui a contracté les dettes par l'intermédiaire de son fils, et c'est lui qui doit en réalité. Dans ce cas nous admettons la décision du préteur. Mais lorsque des créanciers devenus tels pour services rendus personnellement au fils n'engagent pas le père de famille, lorsque ces créanciers sont primés sur le pécule *castrens* par des créanciers postérieurs à eux, nous ne pouvons plus reconnaître l'équité ordinaire du préteur romain.

18. Il est encore un texte au Digeste où nous trouvons la séparation des patrimoines intervenant dans les relations de fortune du père de famille et du fils de famille. C'est dans la loi 3 *De minoribus*, § 4, *in fine*, que nous trouvons l'espèce posée. Ce n'est plus un bénéfice accordé à des créanciers du fils de famille, c'est un bénéfice accordé au fils de famille lui-même. *Ulpien* nous apprend qu'une constitution de *Claude* avait autorisé le fils à séparer son pécule du patrimoine confisqué de son père. Cette faveur de *Claude* n'était qu'un acheminement vers la fameuse constitution de Justinien[1] qui donna aux fils de famille une fortune à eux propre, et d'ailleurs la faveur était ici toute naturelle. Il fallait conserver de quoi vivre à un fils dont le père était dépouillé de toute fortune par le fisc. La loi romaine n'est pas fort étendue à ce sujet. Elle cite l'espèce pour servir d'exemple à une idée qu'elle vient d'énoncer. Aussi ne voit-on pas examinée la question de savoir si les créanciers du fils pourraient à son défaut demander cette séparation. Nous ne voyons pas, à vrai dire, pourquoi ils ne le pourraient pas, mais en présence du silence du texte, nous n'osons cependant rien affirmer.

19. Jusqu'à présent nous n'avons examiné que les cas où la séparation des patrimoines est d'une rare application, si nous exceptons le cas de l'héritier nécessaire. Nous allons examiner maintenant la partie principale de notre matière[2].

---

[1] *Inst.* de Justinien, lib. II, tit. ix, § 1.

[2] Notre travail, dans ce qui va suivre, s'occupera principalement de la séparation accordée aux créanciers héréditaires; nous ne parlerons plus qu'incidemment des autres cas de séparation des patrimoines.

La séparation des patrimoines, nous dit le Digeste, est demandée au préteur par les créanciers héréditaires. Tout créancier héréditaire a droit de demander la séparation des patrimoines, pourvu qu'il n'ait pas accepté l'héritier comme débiteur. Comment pourront-ils perdre ce droit, quel acte supposera cette acceptation de l'héritier comme débiteur ? La demande d'intérêts faite à l'héritier [1], l'acceptation d'un gage donné par l'héritier [2] ou encore l'acceptation d'un fidéjusseur [3] seront des preuves que l'héritier a été accepté pour débiteur, et alors c'est en vain que les créanciers héréditaires qui ont concouru à cette acceptation viendraient demander la séparation des patrimoines, le préteur la leur refusera. Si l'on restitue le créancier contre une séparation de patrimoines qu'il a demandée par erreur [4], c'est que cette restitution ramène aux règles de droit civil, tandis que le préteur ne nous restitue pas contre une erreur dont le résultat n'a été que la confirmation du droit civil. C'est ce que nous prouve le § 11 de la loi 1. *Ulpien* suppose que le créancier héréditaire avait des doutes sur la solvabilité de l'héritier ; plutôt que de demander la séparation des patrimoines, il a exigé un fidéjusseur de l'héritier. Le fidéjusseur est insolvable. Cette défiance de la solvabilité de l'héritier, cette erreur dans le choix d'un moyen pour éviter les chances de cette insolvabilité trouveront-elles un secours auprès du préteur ? Non, le créancier a accepté la position que lui faisait le droit civil, il l'a confirmée ; c'est en vain

---

[1] L. 1, § 10, h. t. ff.
[2] L. 1, § 15, h. t. ff.
[3] L. 1, § 11, h. t. ff.
[4] L. 1, § 17, h. t. ff.

qu'il voudrait maintenant recourir au préteur. « *Sibi*
» *enim imputent, cur minùs idoneos fidejussores accipie-*
» *bant.* » Cependant dans cette idée qui consiste à trouver que le créancier a accepté l'héritier pour débiteur,
il ne faut pas aller trop loin et voir dans tout acte du
créancier héréditaire contre l'héritier une acceptation
de ce dernier comme débiteur. C'est ce que nous prouve
d'une manière évidente le fragment de *Marcien* qui
forme la dernière loi de notre titre : « *Qui judicium dic-*
» *taverunt hæredi, separationem quasi hæreditarii petere*
» *possunt ; quia ex necessitate hoc fecerunt* [1]. » Ainsi donc
la poursuite de l'héritier n'est pas à elle seule une
preuve de l'acceptation de l'héritier comme débiteur.
Et cela se comprend bien. Il peut y avoir des actions
annales à exercer; il peut se trouver une créance ne
portant pas intérêt, et alors ne faut-il pas que le créancier poursuive l'héritier quand même il doute de sa
solvabilité ? Du reste nous croyons que la question de
savoir si le créancier a agi « *novandi animo* » est une
pure question de fait livrée à l'appréciation du préteur
et qui retombe complétement dans les termes du § 14
de la loi 1 de ce titre.

En dehors des cas où les créanciers auront fait novation, ils ont toujours droit à la séparation des patrimoines. C'est ce que nous prouvent les exemples plus
ou moins compliqués que donne le Digeste. Nous n'en
citerons qu'un seul. Titius [2] meurt laissant pour héritier
Sejus son fils impubère; Sejus meurt dans l'impuberté,
et Mævius, héritier substitué pupillairement, vient à la
succession de l'impubère Sejus. Les créanciers de Titius

---

[1] Voir aussi lex 2, h. t. Codex.
[2] Lex 1, § 7, h. t. ff.

peuvent demander la séparation contre la succession de Sejus et contre Mævius ; les créanciers de Sejus ne peuvent la demander que contre Mævius, car vis-à-vis de la succession de Titius ils sont créanciers de l'héritier, et les créanciers de l'héritier ne peuvent pas, nous l'avons vu, demander la séparation des patrimoines [1].

20. Le droit des créanciers héréditaires établi, toutes les difficultés ne sont pas décidées, et les textes de notre titre examinent plusieurs cas où l'application du principe faisait naître des questions ; quelques-unes ayant trait à notre section, nous allons les étudier.

Et d'abord accorderons-nous le droit de demander la séparation des patrimoines aux créanciers à terme ou conditionnels ? *Papinien*, dans la loi 4, répond que oui et ajoute pour raison : « *Quoniam et ipsis cautione* » *communi consuletur.* » Quelle est cette caution ? *Cujas* [2] se demande si c'est la caution que tout créancier héréditaire a droit de demander d'un héritier insolvable, ou si c'est la caution réelle représentée par les biens du défunt qui sont le gage commun de tous ses créanciers. *Cujas* pense que *Papinien* veut parler du droit que tout créancier du défunt a sur les biens de ce défunt. Pour nous, nous donnerions une tout autre explication de la loi. La difficulté ne naît pas de savoir si le bénéfice de séparation sera accordé aux créanciers à terme ; car ils sont bien créanciers du défunt, on leur doit ; la difficulté vient de savoir si on accordera ce bénéfice aux créanciers conditionnels auxquels, selon l'expression des *Institutes, spes est tantum debitum iri....* Et alors

---

[1] Lex 1, §§ 2 et 5, h. t. ff.
[2] Cujas, *In Papinianum*, lib. XII, resp.

nous comprenons parfaitement la raison que donne *Papinien* pour motiver sa décision. Il dit : Les créanciers conditionnels pourront demander la séparation des patrimoines parce que les créanciers à terme le peuvent, et nous assimilons les créanciers conditionnels aux créanciers à terme dans cette question parce que nous les avons déjà traités de la même manière lorsque nous leur avons accordé le droit de demander caution contre l'héritier insolvable.

C'est encore *Papinien* qui, dans la loi 3, examine une autre difficulté. Titius débiteur d'une somme d'argent envers Mævius devient héritier de Sejus qui était son fidéjusseur. La succession de Sejus est beaucoup plus solvable que ne l'est Titius. Mævius peut-il demander la séparation des patrimoines? La raison de douter, c'est que par l'adition d'hérédité Titius est devenu fidéjusseur vis-à-vis de Mævius, or il est en même temps débiteur principal de la dette dont l'adition d'hérédité le fait fidéjusseur, et l'on ne peut à la fois être débiteur principal et fidéjusseur de la même dette. Cependant le préteur accorde à Mævius la séparation des patrimoines, et avec raison. En effet la séparation a pour effet de faire cesser la confusion des patrimoines et d'empêcher ses résultats, à tel point que nous voyons dans le § 18 de la loi 1 que l'esclave devenu héritier nécessaire peut, lorsqu'il a demandé la séparation, réclamer de la succession de son maître les dettes que lui esclave avait contre son maître. A plus forte raison ici s'il est vrai que l'adition d'hérédité ait éteint la fidéjussion par la confusion, du moment que l'on fait cesser la confusion, il faut anéantir les effets de cette confusion, et conséquemment l'obligation du fidéjusseur renaît. L'on n'eût pu refuser au créancier la séparation des patrimoines que par un argument qui eût été une pétition de principe, puisqu'il aurait consisté à invoquer contre lui les effets de la confusion, qui sont justement ce qu'il s'agit d'empêcher.

Un dernier exemple prouvera que la séparation des patrimoines est accordée à tous les créanciers du défunt. C'est la loi 7 au Code, dans le titre correspondant au nôtre, qui nous donne cet exemple. Une femme créancière de son oncle paternel devient son héritière pour un tiers. Cette succession se trouve être bonne ; la fortune des cohéritiers de cette femme est au contraire embarrassée. Par ce fait qu'elle réunit à la qualité de créancière la qualité d'héritière, perdra-t-elle son droit de demander la séparation des patrimoines? Nullement : les empereurs *Dioclétien* et *Maximin* décident que cette femme peut demander la séparation des patrimoines. Il est bien évident que, comme elle est héritière pour un tiers, elle ne pourra prendre que les deux tiers de sa dette dans les biens séparés.

De ces différents exemples il résulte que tout créancier de la succession, pourvu qu'il n'ait pas accepté l'héritier pour débiteur, peut demander la séparation. Mais devons-nous en conclure que les créanciers héréditaires doivent tous prendre le même parti? En aucune façon. Ceux qui demanderont la séparation seront traités comme créanciers héréditaires, ceux qui ne la demanderont pas resteront simples créanciers de l'héritier. Pour eux la séparation n'existera qu'en ceci : c'est que leurs cocréanciers qui auront demandé la séparation exerceront leurs droits sur une masse particulière, sans pouvoir toutefois leur nuire, à eux créanciers du défunt ne demandant pas la séparation, et c'est ce que nous tâcherons d'établir plus loin [1].

Au nombre des créanciers héréditaires nous devons ranger les légataires [2] du défunt. Cependant le défunt ne leur a jamais rien dû. *Cujas* [3] donne pour motif que, s'il est vrai que le défunt ne leur a rien dû pendant sa vie, il leur est cependant dû dès le jour de l'adition. Cette raison ne nous satisfait pas beaucoup ; nous aimons mieux celle qu'il donne quelques lignes plus bas, lorsqu'il dit que l'on a étendu cette faveur aux légataires parce que, s'il est vrai qu'ils n'ont jamais été créanciers personnels du défunt, cependant ils sont au moins créanciers de l'hérédité [4], et que la séparation reconstituant la succession, ils ont droit de venir sur cette succession, et par là même de demander qu'on la reconstitue.

## Section IV.

### Contre qui peut-on demander la séparation des patrimoines ?

21. De la solution de cette question dépendent les décisions à donner dans la question de savoir quels sont les effets de la séparation des patrimoines. Selon que nous penserons que la séparation est donnée contre telle ou telle personne, nous devons étendre ou restreindre certains effets de la séparation.

Passons rapidement en revue les divers cas où la sépa-

---

[1] Lex 1, §§ 10, 11, 16, h. t. ff.
[2] Lex 4, § 1, et lex 6, pr., h. t. ff.
[3] Cujas, *In Papinianum*, lib. XII, resp.
[4] Lex 40. *De oblig. et action.*, ff.

ration est admise et voyons dans ces cas contre qui elle est admise.

1° Dans le cas de séparation accordée à l'héritier nécessaire, elle est accordée contre les créanciers héréditaires [1];

2° Dans le cas où des créanciers d'un fils de famille possesseur d'un pécule *castrens* obtiennent la séparation des patrimoines, elle est accordée contre les créanciers de ce fils antérieurs à l'acquisition du pécule *castrens* [2];

3° Dans le cas où la séparation est accordée au patron d'une affranchie qui a accepté avant de mourir une succession onéreuse, la séparation est accordée contre les créanciers de la succession que l'affranchie avait acceptée [3];

4° Dans le cas de séparation accordée au fils de famille pour son pécule non *castrens*, elle est accordée dans ce cas tout spécial contre le fisc [4]. Nous ne pensons pas que le fils de famille pût réclamer un pareil bénéfice contre les autres créanciers de son père, car une exception ne doit pas être étendue;

5° Dans le cas (très-rare) où les créanciers de l'héritier sont frauduleusement lésés par l'adition d'hérédité, la séparation des patrimoines est accordée contre les créanciers de la succession [5];

6° Aux cas où la séparation est accordée au fiduciaire ou à ses créanciers, elle est encore accordée contre les créanciers de la succession [6];

[1] *Inst.*, liv. II, tit. XIX, § 1. — L. 1, § ult., h. t. ff.
[2] L. 1, § 6, h. t. ff.
[3] L. 6, h. t. ff.
[4] L. 3, § 4. *De minoribus*, ff.
[5] L. 1, § 5, h. t. ff.
[6] L. 1, § 6, h. t. ff.

7° Enfin, quand la séparation est accordée aux créanciers de la succession, contre qui est-elle accordée? Décider cette question, c'est prendre parti dans la querelle que *Papinien* soutenait contre *Paul* et *Ulpien*. Nous pensons que *Paul* et *Ulpien* soutenaient les vrais principes, que non-seulement la séparation est accordée contre les créanciers de l'héritier, mais aussi contre l'héritier lui-même. Nous pensons que, certes, les créanciers héréditaires font une injure à l'héritier en doutant de sa solvabilité[1]. La question, du reste, est délicate, et nous y reviendrons; constatons seulement pour le moment l'opinion des auteurs. *Cujas*[2] prend parti pour *Papinien*, tout en reconnaissant que ce n'est qu'une faveur faite aux créanciers héréditaires. *Voët* est plus précis : il repousse énergiquement l'opinion de *Papinien*. Quant à *Pothier*, il garde une neutralité complète et constate seulement la querelle.

## Section V.

*A l'égard de quels biens et dans quel délai peut-on demander la séparation des patrimoines ?*

22. Cette question, qui en théorie ne présente pas de difficulté réelle, de savoir à l'égard de quels biens la séparation des patrimoines était accordée, cette question devait dans la pratique présenter des difficultés assez grandes. Faire cesser la confusion de deux patrimoines n'est pas chose facile, alors surtout que celui contre qui l'on réclame la séparation a un intérêt évident à opérer la confusion. Nous ne dirons que peu de chose

---

[1] L. 5, § 1. *Qui satisdare cogantur,* ff.
[2] Cujas, *In Paulum*, lib. XII, quæstionum.

sur cette question, qui appartient par beaucoup de côtés au chapitre destiné à étudier les effets de la séparation.

Reprenons, en nous aidant de la section précédente, les différents cas où la séparation a lieu.

1° Dans ce cas, la séparation est accordée à l'égard de tous les biens qui composaient la fortune du défunt; ses créanciers n'auront droit que sur ces biens-là, mais aussi sur tous ces biens-là. Et nous voulons dire que non-seulement les créanciers ( que l'esclave devenu héritier nécessaire aura empêchés de venir l'inquiéter personnellement à l'avenir) auront droit et sur le patrimoine du défunt exstant au moment de sa mort, mais encore sur tout ce que l'héritier nécessaire acquerra *ex hœreditariâ causâ;* c'est ce que décide formellement *Cujas*[1]. Ainsi le défunt était nu propriétaire d'un immeuble; depuis sa mort l'usufruit s'est éteint; sans aucun doute, quoique l'usufruit ne se soit pas éteint à son profit, c'est cependant une acquisition que l'héritier nécessaire a faite *ex hœreditariâ causâ,* les créanciers héréditaires en profiteront.

Faudrait-il décider que si l'héritier nécessaire a vendu des biens de l'hérédité ou a fait quelque autre acte prouvant qu'il accepte le rôle que le droit civil lui impose, faudrait-il décider dans ces cas que l'héritier nécessaire ne pourra plus demander la séparation des patrimoines?

Nous n'osons décider, les textes étant muets à ce sujet. Nous ferons seulement remarquer que le préteur accordant la séparation *cognitâ causâ,* il pourra, suivant les cas, voir si dans cet acte de l'héritier il n'y a pas

---

[1] Cujas, *Tractatus 8 ad Africanum.*

quelque analogie avec le cas où le créancier héréditaire a accepté l'héritier pour débiteur [1].

2° Dans ce cas, la séparation a lieu à l'égard des biens formant le pécule *castrens*. Les créanciers de ce pécule n'auront droit que sur ce pécule, ou du moins ils n'auront de privilége que sur les biens du pécule, car la question de savoir s'ils pourront exercer leur créance sur les biens étrangers au pécule est une question que ne tranche en aucune façon le texte du Digeste.

3° Les créanciers de la succession échue à l'affranchie, et que le patron héritier de l'affranchie a écartés de la succession de cette affranchie, n'ont droit évidemment qu'aux biens de la succession du testateur et non aux biens de la succession de l'affranchie. Mais, selon nous, ils auraient droit à l'usufruit d'un immeuble dont le testateur n'aurait eu que la nue propriété, et cela par application de la doctrine de la loi 5, doctrine qu'il faut généraliser.

4° Le fisc n'aura droit dans ce cas tout spécial que sur les biens du père de famille, mais là encore nous appliquerons la loi 5.

5° Dans ce cas tout spécial et très-rare où la séparation est accordée à un héritier contre les créanciers de la succession, nous devons décider comme nous déciderons quand la séparation est accordée aux créanciers héréditaires contre l'héritier.

6° Lorsque le fiduciaire ou ses créanciers obtiennent la séparation des patrimoines contre les créanciers de la succession que le fiduciaire a été contraint d'accepter, il est évident encore que les créanciers de cette succes-

---

[1] Lex 1, § 11, h. t. ff.

sion ont droit à tous les biens exstants de cette succession et à tous ceux qui sont venus *ex causâ hœreditariâ,* toujours par application de la loi 5.

7° Les créanciers d'une succession demandent la séparation des patrimoines, contre quels biens peuvent-ils la demander ? Le législateur pouvait choisir entre deux partis : ou il devait permettre aux créanciers de demander que tel bien de la succession fût séparé des biens de l'héritier, ou il devait décider que la demande de séparation embrassât tous les biens de la succession. Le législateur romain dut nécessairement adopter ce dernier parti[1]. En effet, dans les idées romaines, le patrimoine forme un tout qu'on ne peut diviser ; si par hasard quelques créanciers ont un droit de gage, ce n'est qu'une exception, car, nous le savons, en principe le patrimoine ne se divise pas. On saisit tout le patrimoine du Romain insolvable, on vend tout son patrimoine, le préteur envoie en possession de tout le patrimoine. Or, la séparation n'étant qu'un incident de la procédure d'envoi en possession, lorsque le préteur scinda la fortune de celui qui est saisi, lorsqu'il ressuscita l'hérédité, il dut le faire d'une manière absolue et entière. C'était une conséquence logique des idées romaines sur les patrimoines, sur la *familia.* La séparation dut donc embrasser tout ce qui composait la fortune du défunt en biens exstants et en biens à venir (nous faisons allusion par là à la loi 5). Cependant, dans une matière toute d'équité, il est difficile que les principes puissent s'appliquer avec une rigueur inviolable. Aussi voyons-nous que les jurisconsultes apportent des tem-

---

[1] Ce parti, du reste, est adopté dans les autres cas de séparation.

péraments au principe que le patrimoine séparé comprend tous les biens qui formaient ce patrimoine avant
la confusion. Si les biens des deux patrimoines sont
complétement confondus (et nous parlons d'une confusion matérielle, car la confusion civile existe), on ne
pourra demander la séparation des patrimoines, cela
est évident. Et de même, si l'on ne peut séparer du
patrimoine de l'héritier qu'une partie du patrimoine du
défunt, bien qu'en principe on ne puisse diviser un
patrimoine, l'on respectera cependant la confusion matérielle qui s'est opérée sanctionnant la confusion civile;
et le préteur n'accordera la séparation des patrimoines
que relativement aux biens que l'on peut distinguer de
la fortune de l'héritier[1].

Que ferons-nous si depuis l'adition l'héritier a disposé
du patrimoine ou de partie du patrimoine? Dans le
premier cas annulerons-nous la disposition, dans le
second cas annulerons-nous ces dispositions partielles
que l'héritier a faites? En aucune façon[2]. Le préteur,
pour être équitable, ne peut pas commettre une injustice, et ce serait chose inique que de révoquer des aliénations que l'héritier a faites de bonne foi, que les tiers
ont acceptées croyant acquérir du propriétaire incom-
mutable (ce qui est vrai en droit civil). Dans ce cas, le
préteur accordera la séparation, mais les aliénations
seront respectées; et d'ailleurs les créanciers de la succession ne peuvent-ils pas s'imputer à faute leur lenteur
à demander la séparation. Cependant il ne faut pas
porter trop loin ce respect des actes de l'héritier. Nous
respectons les aliénations de la propriété, mais nous ne

---

[1] L. 4, § 12, h. t. ff.
[2] L. 2, h. t. ff.

respectons pas les aliénations partielles de la propriété
ou du moins les droits réels accessoires constitués sur la
propriété, et l'immeuble ou le meuble donné en gage,
hypothéqué par l'héritier, sera compris dans les biens
séparés et y sera compris comme bien entièrement libre[1].
Cependant, quoique le jurisconsulte ne fasse aucune
restriction à cette distinction, nous pensons que les
créanciers héréditaires devront d'abord s'indemniser
sur les biens que l'héritier n'aurait grevés d'aucuns
droits réels. Mais cette opinion, qui nous est inspirée
par l'équité, n'est appuyée d'aucun texte.

Il est une question que les textes de notre titre n'examinent pas et qu'il serait pourtant intéressant de décider.
Le préteur respectera-t-il les droits réels principaux
consentis par l'héritier de bonne foi comme il respecte
les aliénations totales de la propriété, ou bien annulera-
t-il ces constitutions de droits réels principaux comme
il annule les constitutions de droits réels accessoires ?
En un mot, le préteur respectera-t-il les servitudes,
l'usufruit constitués de bonne foi sur les biens de la
succession ? Nous pensons que oui, car ce sont de vrais
démembrements de la propriété, et d'ailleurs, nous
pensons que dans le principe le préteur respectait même
les constitutions de gage et d'hypothèque, puisque c'est
une décision spéciale de *Sévère* et d'*Antonin* qui a décidé que les gages et les hypothèques ne seraient pas
respectés.

Quand nous disons que le préteur respectera les aliénations faites par l'héritier, nous n'entendons pas dire
que l'héritier profitera de ces aliénations. Il en profitera

---

[1] L. 1, § 3, h. t. ff.

si le produit de ces aliénations est confondu dans son patrimoine de façon à ne pouvoir pas être séparé[1]. Mais si le prix est encore dû, mais si le prix, quoique payé, peut se distinguer des autres biens de l'héritier, nous comprendrons ce prix dans le patrimoine du défunt, car la loi 5 nous semble applicable de tous points à ce cas.

Nous pourrions nous demander si le préteur respectera toute autre aliénation que la vente. La loi 2 ne parle que de la vente, et pour nous nous n'hésitons pas à décider que l'aliénation à titre gratuit serait annulée par le préteur, ou du moins qu'elle ne serait respectée qu'autant que les créanciers héréditaires pourraient s'indemniser sur les autres biens de la succession.

Que dirons-nous de l'échange ? Bien que la loi 2 ne parle que de la vente, nous pensons cependant qu'il faut assimiler l'échange à la vente et le respecter. D'ailleurs les créanciers ne trouvent-ils pas, en vertu de la loi 5, l'équivalent dans la fortune de l'héritier, quitte à indemniser l'héritier s'il a dû payer une soulte dans l'échange ? Nous devons dire que les dernières solutions que nous venons de donner ne sont appuyées par aucun texte.

Nous ferons seulement remarquer que, lorsque le préteur respecte des aliénations, il les suppose faites de bonne foi. Le jurisconsulte, dans la loi 2, ne parle que de la bonne foi de l'héritier, mais il suppose celle du tiers. Si l'héritier a vendu de mauvaise foi à un acheteur de bonne foi, nous pensons que le préteur

---

[1] L. 1, § 12, h. t. ff.

accorderait la séparation des patrimoines relativement à ces biens; cependant, vu la bonne foi du tiers, il serait équitable de n'accorder la séparation, quant à ces biens-là, que dans le cas où les créanciers de la succession ne pourraient pas se payer sur les biens non aliénés.

23. De tout ce que nous venons de dire il résulte que le préteur étend la séparation sur tous les biens venant de la succession ou à l'occasion de la succession. Il ne met d'exception à ce principe que celle que réclame l'équité. Mais sera-ce la seule restriction à la demande de séparation que ce respect des aliénations faites par l'héritier, que ce respect de la confusion matérielle des deux patrimoines? Et quand cette confusion matérielle n'aura pas lieu, quand l'héritier n'aura pas aliéné, sera-t-il toujours menacé d'une séparation de patrimoines qui serait la ruine de son crédit et qui deviendrait la ruine injuste de ses créanciers qu'un long temps de possession de la part de l'héritier a pu convaincre que ces biens héréditaires sont maintenant dans les biens de l'héritier d'une manière absolue? Il est évident que, pour être équitable, le préteur a dû imposer une limite de temps à l'exercice des droits des créanciers héréditaires. Cinq ans après l'adition d'hérédité, les créanciers héréditaires ne pourront plus demander la séparation des patrimoines [1]. Nous n'insisterons pas davantage sur ce point.

[1] L. 1, § 13, h. t. ff.

# CHAPITRE DEUXIÈME.



**24.** La séparation est accordée. Quels sont ses effets ? Nous avons nécessairement dans le chapitre précédent souvent traité des effets de la séparation, et il était difficile de faire autrement. Cependant, comme nous ne l'avons fait qu'incidemment, nous allons tâcher de rappeler dans ce chapitre quelles sont les conséquences de la séparation obtenue, au risque de commettre quelques répétitions. Nous nous occuperons uniquement du cas de séparation accordée aux créanciers héréditaires; car, pour discuter sur les effets de la séparation dans les autres cas, il nous faudrait des textes, et ils nous manquent complétement.

Nous savons que le principal effet de la séparation des patrimoines, c'est de corriger la confusion, de créer deux patrimoines là où le droit civil n'en avait vu qu'un seul. Voyons quelles sont les conséquences de la cessation de confusion. Nous examinerons ces conséquences :

1° À l'égard des créanciers héréditaires et des légataires ;

2° À l'égard des créanciers de l'héritier ;

3° À l'égard de l'héritier.

## § 1er.

**25.** Les créanciers héréditaires, par leur demande de séparation, restent, selon nous, dans la même position où ils étaient avant la mort de leur débiteur. S'ils sont forcés de respecter les aliénations [1] faites par l'héritier, c'est qu'ils sont dans la même situation que si leur débiteur défunt avait lui-même aliéné. L'héritier, en gérant *pro hœrede*, a remplacé le défunt, et les créanciers héréditaires ne peuvent imputer le préjudice que leur causent ces aliénations qu'à eux-mêmes. Ils devaient demander plus tôt la séparation des patrimoines. L'héritier en aliénant a fait ce qu'aurait pu faire le défunt. Et, sans parler du principe d'équité, c'est si bien cette idée qui a fait respecter les aliénations faites par l'héritier, que nous voyons au § 3 de la loi 1 que les créanciers héréditaires ne sont pas tenus de respecter les hypothèques consenties par l'héritier. En effet, ces hypothèques garantissant d'autres créances que les créances héréditaires, l'on ne peut dire que l'héritier en les consentant *pro hœrede gessit*, tandis que l'aliénation des biens peut être un acte de gestion, et même de bonne gestion.

Il est, à propos d'hypothèques consenties par l'héritier, un point qui peut embarrasser. Que déciderons-nous dans le cas où l'héritier a consenti sur les biens héréditaires un droit de gage ou d'hypothèque, mais en faveur d'un créancier héréditaire ? Dans les rapports des créanciers héréditaires entre eux, respecterons-nous cette constitution ? Nous ne le croyons pas; car de deux choses l'une : ou le créancier auquel cette hypothèque a été consentie demande la séparation, ou il ne la demande pas. S'il ne la demande pas [2], il est traité comme un créancier de l'héritier; et alors les

[1] L. 2, h. t. ff.
[2] L. 1, § 16, h. t. ff.

créanciers héréditaires qui ont demandé la séparation ne sont pas tenus de respecter cette hypothèque [1]. Si ce créancier, au contraire, a demandé la séparation, comment, les patrimoines étant séparés, pourra-t-il invoquer contre ses créanciers un acte émanant de l'héritier qu'il ne veut pas reconnaître comme ayant des droits sur la succession? « *Recesserunt à personâ* » *hœredis,* » nous dit *Paul* dans la loi 5. Nous devons considérer que le défunt existe encore, et traiter les créanciers héréditaires en conséquence. C'est là l'idée qui domine toute la séparation des patrimoines, c'est ce que prouve d'une manière évidente la loi 3, qui, nous l'avons dit déjà plus haut, est une preuve remarquable de l'annulation que fait le préteur de la confusion civile. Et, pour être logiques, nous dirons, par un argument *à contrario* de la loi 3, que si un des biens de la succession avait été hypothéqué à l'un des créanciers de l'héritier par le défunt, ce créancier aurait le droit de venir *jure hypothecario* sur ce bien de la succession, et que les créanciers de la succession seraient forcés de l'admettre à exercer son hypothèque, absolument comme ils seraient contraints de respecter l'hypothèque d'un créancier qui ne serait pas créancier de l'héritier. Cette opinion, qui n'est pas formellement écrite dans les textes, ne nous paraît cependant pas douteuse. Nous la puisons dans le dernier paragraphe de la loi 1. Nous voyons dans ce paragraphe que la séparation a tellement fait disparaître la confusion, que l'esclave devenu héritier nécessaire qui avait des créances [2] contre le testateur peut venir au nombre

[1] L. 1, § 3, h. t. ff.

[2] Il peut paraître singulier qu'un esclave ait des créances contre son

des créanciers et concourt au partage des biens de l'hérédité. Cette décision nous semble fournir à notre opinion un argument *à fortiori*. En effet, ce créancier hypothécaire, alors même que la séparation n'eût pas été accordée, eût pu exercer son hypothèque ; il l'eût pu si l'héritier n'eût pas fait adition. Pourquoi ne le pourrait-il pas quand la confusion a été rescindée ? La conséquence de ce que nous venons de dire, c'est que si parmi les créanciers de la succession qui n'ont pas demandé la réparation, il en est qui avaient des droits de gage ou d'hypothèque sur les biens de la succession, ils pourront exercer ces droits au préjudice des créanciers qui ont demandé la séparation. Et il y a deux motifs pour décider ainsi. D'abord les créanciers héréditaires qui n'ont pas demandé la séparation sont traités comme des créanciers de l'héritier [1], et, de plus, la séparation demandée par leur cocréancier ne peut pas leur nuire.

26. Nous venons de poser en principe que la séparation des patrimoines est de nul effet dans les rapports des créanciers héréditaires entre eux. Un exemple rendra mieux notre pensée :

Titius meurt ; il institue Mævius son héritier. La fortune de Mævius se compose en actif de 100, les dettes s'élèvent à 200, ainsi réparties : *Primus* est créancier de 100, *Secundus* de 100. *Primus* demande la séparation ; il espère que la succession de Titius est moins insolvable que ne le seraient les patrimoines confon-

---

maître ; mais nous remarquerons que la matière de la séparation est de droit prétorien, pour lequel les dettes naturelles sont aussi sacrées que les dettes civiles.

[1] L. 1, § 16, h. t. ff.

dus de Titius et de Mævius. *Secundus* pense autrement ;
il ne demande pas la séparation. Quels seront dans
cet état les droits de *Primus* sur la fortune de Titius ?
Pourra-t-il dire : Vous, *Secundus*, vous n'avez pas demandé la séparation des patrimoines, vous n'êtes pour
moi qu'un créancier de l'héritier [1] ? *Secundus* aura une
réponse bien facile : Vous demandez la séparation ;
vous voulez donc vous placer dans la même situation
que s'il n'y avait pas eu adition. Dans ce cas, vous
auriez partagé avec moi ; nous aurions eu chacun 50.
Prenons chacun 50. Vous ne pouvez vous plaindre ;
vous avez obtenu ce que vous demandiez : la restitution contre la confusion. Que maintenant moi, *Secundus*, je fasse courir à ma créance les chances de la
confusion ; que ces 50 que je prends ne me restent
pas, c'est possible : cela dépendra du degré de solvabilité de l'héritier. Mais vous, *Primus*, vous ne pouvez
pas vous enrichir à mes dépens. Nos droits sont égaux ;
et, puisque vous avez demandé la restitution contre la
confusion, vous devez en accepter les conséquences,
bonnes ou mauvaises.

L'exemple que nous venons de donner montre quelle
est la position des créanciers héréditaires entre eux.
Elle est ce qu'elle aurait été s'il n'y avait pas eu confusion ; elle est également cela entre les créanciers
héréditaires qui ont demandé la séparation et les créanciers de l'héritier ou l'héritier.

Il est bien évident que les légataires du défunt qui
ont demandé la séparation des patrimoines ne seront
payés que s'il y a dans la fortune de ce défunt de quoi

[1] L. 1, § 16, h. t. ff.

payer et les créanciers qui ont demandé la séparation et ceux qui ne l'ont pas demandée ; sans cela ils nuiraient aux créanciers héréditaires qui n'ont pas demandé la séparation, et ils ne peuvent pas leur nuire. La séparation des patrimoines ayant rétabli les choses dans l'état où elles seraient sans l'adition de l'hérédité, il est évident que les légataires ne peuvent pas passer avant les créanciers héréditaires, qu'ils aient ou non demandé la séparation [1].

§ 2<sup>e</sup>.

27. En ce qui touche les créanciers de l'héritier, la séparation a-t-elle cet effet logiquement inflexible de faire cesser toute confusion d'une manière absolue ? Évidemment non. Cette séparation tranchée, caractérisée n'existe que tant que les créanciers héréditaires qui ont demandé la séparation ont intérêt à demander cette séparation. Du moment que leur intérêt a cessé, c'est-à-dire du moment qu'ils sont payés, peu leur importe ce que devient le reste de l'hérédité. Dans ce cas nous rentrons dans les règles du droit civil. Le secours accordé par le préteur a eu son effet, et nous suivrons alors les règles du droit civil en ce qui touche les créanciers de l'héritier ou les créanciers de la succession qui ont accepté la personne de l'héritier. Pour eux en effet il n'y a pas de motifs de continuer les effets de la séparation, ils exerceront leurs droits sur le patrimoine de l'héritier composé des biens propres à l'héritier et de ceux qui restent de la succession, les créanciers héréditaires qui ont demandé la séparation

---

[1] L. 3, § 2, h. t. ff.

une fois payés [1]. Pour eux, les aliénations partielles faites par l'héritier sont aussi respectables que les aliénations totales. Ils devront respecter les constitutions d'usufruit, de servitudes, de gage, d'hypothèque que l'héritier aurait faites, pourvu qu'il n'entre aucune fraude dans ces constitutions.

Les créanciers de l'héritier exercent leurs droits sur un tout autre patrimoine que celui sur lequel les créanciers héréditaires qui ont demandé la séparation ont exercé leurs droits. Cependant, comme nous l'avons fait remarquer, il peut entrer dans ce patrimoine de l'héritier des biens venant de la succession. Ce sont les restes du patrimoine du défunt, les créanciers ayant demandé la séparation une fois payés. Sera-ce ceux-là seulement? Non, car il se peut que des biens du défunt arrivent pour payer les créanciers de l'héritier alors même que les créanciers héréditaires qui ont demandé la séparation ne sont pas payés intégralement. Ces biens seront ceux que les créanciers héréditaires qui n'ont pas demandé la séparation ont obtenus par leur concours avec les créanciers héréditaires qui ont demandé la séparation, biens dont ils ne peuvent profiter seuls et qu'ils doivent remettre dans la masse des biens de l'héritier dont ils ont suivi la foi.

Il est évident que les créanciers de l'héritier seront tenus de respecter les hypothèques que les créanciers héréditaires ayant demandé la séparation des patrimoines avaient sur les biens de l'héritier et que la séparation n'a pas pu éteindre. De même qu'ils sont obligés de supporter que leurs cocréanciers qui ont

[1] L. 1, § 17, h. t. ff.

exercé sur les biens séparés [1] un droit de cautionnement réel au personnel viennent ensuite comme créanciers contre le débiteur principal, l'héritier.

La loi 3, dont la décision est la source de l'opinion que nous venons d'émettre, présente une difficulté. Bien que cette difficulté n'ait point un trait direct à notre matière, comme elle se trouve dans une loi de notre titre, nous l'examinerons. *Papinien* décide que le créancier qui a obtenu portion de son payement sur les biens de la succession qu'il a poursuivie comme fidéjusseur peut revenir ensuite sur les biens du débiteur principal. N'est-ce pas contraire à ce principe, qu'en agissant contre une des personnes tenues envers lui pour une même créance, le créancier éteint son action? *Cujas,* lorsqu'il traite *in extenso* la loi de *Papinien,* ne soulève pas cette objection. Faudrait-il dire que dans ce cas le créancier n'a pas éteint son action en prenant part à la distribution des biens de la succession parce qu'il n'y a pas eu dans l'espèce *litiscontestatio*. En effet la créance peut ne pas être contestée, le créancier concourt sur les biens de la succession, il n'y a pas eu *litiscontestatio*. Donc le droit n'est pas éteint, le créancier peut venir exercer contre l'héritier débiteur principal.

Dans leurs relations entre eux, les créanciers de l'héritier n'ont rien de changé ; ils admettent avec eux les créanciers de la succession qui n'ont pas demandé la séparation, et ils auront en échange les biens de la succession que ces créanciers apportent dans la masse commune.

---

[1] L. 3, pr., h. t. ff.

## § 3e.

**28.** Mais quels seront les effets de la séparation des patrimoines à l'égard de l'héritier?

Dans les relations de l'héritier avec ses créanciers ou avec les créanciers de la succession qui n'ont pas demandé la séparation, rien n'est changé.

Quelles sont les modifications que la séparation apporte dans les relations de l'héritier avec les créanciers héréditaires qui ont demandé la séparation? C'est là que se présente la difficulté la plus sérieuse de notre matière. Nous avons dit dans le § 1er ce que nous pensions relativement aux aliénations faites par l'héritier, aliénations de la propriété ou autres. Mais en ce qui touche la personne de l'héritier, que déciderons-nous?

L'étude des principes nous a semblé ne devoir donner aucune hésitation. L'héritier avait accepté le sort, le rôle que lui donnait soit la loi, soit la volonté du défunt, et dans ce vrai contrat qui résulte de l'acceptation d'une hérédité il avait apporté son consentement. Si les créanciers héréditaires s'étaient tus, leur consentement eût été acquis. Mais le préteur permet aux créanciers de ne pas consentir; ce consentement tacite et pour ainsi dire forcé que le droit civil imposait aux créanciers héréditaires, le préteur permet de le refuser. Il ne dit pas que le créancier de la succession devra donner son consentement. En cas de silence, on suppose le consentement, de même que le droit civil interprète le silence de l'héritier *sien;* mais de même que le droit civil permet à l'héritier *sien* de s'abstenir, et par là lui permet de retirer son consentement, de même le préteur permet au créancier héréditaire de retirer son

consentement par le moyen de la séparation des patrimoines.

Quelle est donc la conséquence de la demande de
séparation ? C'est que le contrat résultant de l'acceptation d'hérédité manque d'un des éléments essentiels à
tout contrat, le consentement d'une des parties. Le
contrat n'existe donc plus entre ces parties. Qu'il existe
eu égard aux créanciers héréditaires qui n'ont pas demandé la séparation, qu'il existe eu égard aux créanciers de l'héritier, peu importe ; cela est *res inter alios
acta* en ce qui touche les rapports de l'héritier et des
créanciers héréditaires qui ont demandé la séparation.

Aussi admettons-nous complétement l'opinion de
*Paul*[1] et d'*Ulpien*[2], et même nous avouons que nous
ne comprenons guère comment *Papinien*[3] a pu adopter
l'opinion qu'il soutient. De deux choses l'une : ou la
demande de séparation ne crée qu'un privilége, ou elle
fait cesser la confusion, c'est-à-dire l'acceptation d'hérédité (pour ceux qui demandent la séparation). Si elle
ne crée qu'un privilége, il ne faut pas seulement que
les créanciers héréditaires qui ont demandé la séparation des patrimoines puissent venir sur les biens de
l'héritier, les créanciers qui, de gré ou de force, ont
suivi la foi de l'héritier une fois payés, il faut que les
créanciers héréditaires qui ont demandé la séparation
puissent achever de se faire payer sur les biens de
l'héritier en concours avec les autres créanciers héréditaires et les créanciers de l'héritier. C'est ce que
personne n'a jamais admis. Que signifie alors cette opi-

[1] L. 5, h. t. ff.
[2] L. 1, § 17, h. t. ff.
[3] L. 3, § 2, h. t. ff.

nion qui consiste à créer comme un autre privilége pour les créanciers de l'héritier sur le patrimoine de l'héritier, qui serait toujours tenu par son acceptation envers les créanciers qui n'ont pas voulu reconnaître cette acceptation? Nous dirons donc qu'en ce qui touche les relations des créanciers héréditaires qui ont demandé la séparation et de l'héritier, aucune relation n'existe. Personnellement l'héritier ne peut pas être tenu envers des créanciers qui ont repoussé le contrat que cet héritier leur offrait de consentir. L'héritier n'est pas lié, pas plus que ne serait lié un donateur qui verrait sa pollicitation sans réponse. Comment l'héritier pourrait-il être tenu envers des créanciers qui, refusant de reconnaître ses actes, ne consentiraient à prendre dans son acceptation que le côté utile pour eux?

29. Nous avons étudié les effets de la séparation des patrimoines dans le cas où elle est accordée aux créanciers héréditaires. Il nous resterait à étudier ces effets dans les autres cas assez nombreux où la séparation est accordée. Mais nous ne ferions qu'inventer, les textes étant d'un silence complet à cet égard. Et, si la vérité est difficile à trouver quand le législateur parle, on risque fort de ne pas la rencontrer quand on veut parler à sa place.

DE

# LA SÉPARATION DES PATRIMOINES

EN

# DROIT FRANÇAIS.

---

## INTRODUCTION.

1. Faire l'histoire de la séparation des patrimoines depuis le droit romain jusqu'au Code civil serait un travail intéressant. Mais nous avons cru qu'il valait mieux aborder immédiatement la législation actuelle, en mentionnant toutefois, à mesure que les questions se présenteront, ce que décidait sur les points difficiles l'ancienne jurisprudence française. Cependant nous ne pouvons commencer · l'étude des articles 878, 879, 880, 881, 2111 du Code civil sans esquisser à grands traits les modifications principales apportées par l'ancien droit français à la séparation des patrimoines organisée par le droit romain.

2. Sous le droit coutumier la séparation accordée aux créanciers et aux légataires du défunt subsista seule, les droits sur lesquels les autres séparations étaient fondées étant tombés en désuétude. Et dans le cas où la séparation subsista, ce ne fut plus un droit secondaire, ne s'exerçant que dans le cours d'une expropriation ; le droit à la séparation devint une action pouvant

4.

s'exercer directement, dans la forme ordinaire, sans procédure précédente. Cependant on reconnaissait encore dans la procédure à suivre ce qu'était l'origine de la séparation des patrimoines. A Rome, ce bénéfice résultait d'un décret du préteur; dans l'ancien droit français, l'action n'était intentée qu'après l'obtention de lettres de chancellerie. Sans doute le point de vue fiscal était pour beaucoup dans la nécessité de cette obtention ; mais cette nécessité rappelle l'origine de la séparation des patrimoines, car il est à remarquer que dans beaucoup de cas où le droit romain exigeait un décret du préteur, les lettres de chancellerie étaient exigées dans l'ancienne procédure française. Nous savons que *Lebrun* [1] a contesté cette nécessité, *Bernard Automne* [2] et *Ferrière* [3] sont d'une opinion contraire ; *Lebrun* lui-même ne conteste pas que ces lettres de chancellerie n'aient été nécessaires dans un temps, il dit seulement qu'elles sont devenues inutiles.

3. Il y avait certainement encore d'autres points de différence avec le droit romain dans les diverses coutumes, mais il existe entre le droit romain et l'ancien droit français une grande similitude. Et c'est ce que prouvent les écrits de tous les jurisconsultes coutumiers : « *C'est une matière que nous empruntons toute* » *du droit romain, duquel il semble par conséquent qu'il* » *ne se faudrait éloigner que par des raisons très-impor-* » *tantes.* »

[1] Lebrun, *Traité des successions,* liv. IV, chap. ii, sect. 1, § 25.

[2] Bernard Automne, *Conférences de droit français avec le droit romain,* au titre des Séparations.

[3] Ferrière, *Recueil et avis des coutumiers sur la coutume de Paris,* t. II, 1155, n° 51.

Nous empruntons ce passage à *Lebrun* [1] sans nous dissimuler qu'il prouve aussi que quelques jurisconsultes ne professaient pas le même respect pour les décisions du droit romain. D'un autre côté, on soutenait contre *Lebrun* et *Pothier* l'existence de certains cas de séparation que ceux-ci refusaient de reconnaître dans notre droit, mais que le droit romain avait admis. Nous constaterons les décisions coutumières sur les différents points à mesure qu'ils se présenteront dans l'étude de la matière au point de vue du droit actuel.

4. Dans le droit coutumier il ne paraît y avoir qu'une seule coutume qui se soit complétement écartée du droit romain en ce qui concerne la séparation des patrimoines. C'est la coutume du Hainaut, qui refusait ce bénéfice aux créanciers du défunt. Ceci est prouvé par un arrêt du parlement de Flandres, rendu au mois de juin 1672, après vérification faite de l'usage par deux turbes des praticiens du pays [2].

5. La législation intermédiaire n'a rien changé à cet état de choses, pas plus qu'elle n'avait changé en général le droit civil tel qu'il existait avant 1789. En effet l'article 14 de la loi de brumaire an VII, après avoir établi l'ordre dans lequel les créanciers ayant privilége ou hypothèque seront colloqués, se termine ainsi : « *Le tout sans préjudice du droit qu'ont les créan-* » *ciers des personnes décédées et les légataires, de de-* » *mander la distinction et la séparation des patrimoines,* » *conformément aux lois.* » Ceci prouve que la loi de brumaire ne changeait rien aux dispositions des an-

---

[1] *Successions*, liv. IV, chap. II, sect. I, § 18.
[2] Merlin, *Rép.*, v° Séparation des patrim., sect. I.

ciennes coutumes relativement à la séparation. Ce que cet article prouve aussi, c'est que la séparation n'était plus accordée qu'aux créanciers et légataires du défunt. Remarquons encore avec *Merlin* que la loi de brumaire, n'ayant rien introduit de nouveau dans cette matière, ne changeait pas même la jurisprudence tout exceptionnelle du Hainaut.

6. Cet aperçu de la séparation des patrimoines telle que l'avaient organisée les coutumes pourra nous servir à expliquer quelques-unes des difficultés du Code civil. En effet les rédacteurs du Code dans les articles 878, 879, 880, se sont inspirés de *Pothier*, ils l'ont suivi à la lettre, ainsi que nous l'établirons. Or, *Pothier* lui-même ayant suivi en cette matière les errements du droit romain, il en résulte que nous pourrons nous guider sur le droit romain pour arriver à la solution de certaines questions. Aussi, dans beaucoup de cas, le laconisme du Code sera suppléé par les décisions de *Lebrun*, de *Pothier*, par celles des jurisconsultes romains. Mais dans l'article 2111 le législateur moderne a innové. Dans cette innovation, comme dans toutes celles qu'il s'est permises, il y a et il devait y avoir des lacunes considérables. Jusqu'où le législateur a-t-il voulu aller en écrivant l'article 2111? A-t-il voulu changer de fond en comble ce qu'il n'aurait fait qu'indiquer dans les articles 878, 879? a-t-il voulu seulement ajouter à ces articles la publicité? Ces questions, que nous ne faisons qu'indiquer, sont difficiles à résoudre; les textes sont très-rares, et nous n'avons pas pour suppléer à leur rareté des discussions étendues devant les assemblées législatives. Aussi la recherche de l'intention des rédacteurs du Code est pour ainsi dire impossible.

7. Nous suivrons dans notre thèse française la même division que dans notre thèse romaine, nous bornant aux quelques modifications nécessitées par la différence des deux droits.

On verra dans un premier chapitre quels sont ceux que la loi admet à l'exercice de ce droit et ceux à qui elle le refuse ;

Dans un second, ceux contre qui l'action doit être intentée ;

Dans un troisième, quels biens peuvent être l'objet de la demande en séparation ;

Dans un quatrième, dans quelle forme et dans quels délais la demande doit être formée, et quelles mesures sont à prendre pour la conservation du droit ;

Dans un cinquième, la nature et les effets de l'inscription prescrite par l'article 2111 du Code civil au créancier qui veut former cette demande à l'égard des immeubles ;

Et dans un sixième et dernier chapitre, les effets de la demande.

# CHAPITRE PREMIER.

## DE CEUX A QUI LA LOI ACCORDE CE DROIT ET DE CEUX A QUI ELLE LE REFUSE.

## Section I.

### *De ceux à qui la loi accorde la séparation.*

8. La séparation est accordée : 1° aux créanciers du défunt; 2° à ses légataires. Nous trouvons le droit des créanciers énoncé formellement dans l'article 878, mais le droit des légataires à la séparation n'est point mentionné dans cet article. Faut-il en conclure que le législateur a cru avoir donné dans l'article 1017 une garantie suffisante aux légataires de la succession? La doctrine et la jurisprudence soutiennent le contraire, et avec raison selon nous. Sans doute le législateur, dans l'article 1017, a beaucoup fait (et même beaucoup trop) pour les légataires; mais en conclure que cette erreur des rédacteurs du Code doit priver les légataires du droit à la séparation des patrimoines serait bien mal interpréter la pensée du législateur de 1804. La discussion au conseil d'État prouve que l'on a voulu suivre les errements de l'ancien droit [1], lequel accordait la séparation aux légataires du défunt comme l'avait fait le droit romain. Il est bien vrai que l'article 878, outre ses erreurs de rédaction, contient cette omission importante; il ne parle pas des légataires; mais de

---

[1] Pothier, *Des successions*, chap. v, sect. iv. — Lebrun, *Des successions*. — Lauterbach, cap. iii, §§ 1, 2, 3.

pareilles omissions sont malheureusement fréquentes dans la rédaction de nos lois et ne peuvent pas priver de leurs droits une classe de créanciers respectables à tous les titres. En effet, ainsi que nous l'avons déjà établi dans notre thèse sur le droit romain [1], les légataires sont de véritables créanciers, sinon du défunt, au moins de la succession. Et si l'on voulait leur enlever leur droit à la séparation par des querelles de mots, nous pourrions le leur restituer au moyen de ce raisonnement. Du reste personne, que nous sachions, ne conteste ce droit aux légataires du défunt ; tous les auteurs déplorent l'omission de l'article 878, mais aucun ne s'est servi de cette omission pour contester le droit des légataires. S'il fallait un argument de texte pour réparer l'omission de l'article 878, cet argument nous serait d'ailleurs fourni par l'article 2111 : « *Les* » *créanciers et légataires qui demandent la séparation des* » *biens du défunt, conformément à l'article* 878, *au titre* » *des Successions*, etc. » Outre ces raisons déduites de l'histoire de la séparation des patrimoines, du texte même du Code, il est une réponse facile à l'argument que l'on pourrait trouver contre le droit des légataires dans l'article 1017. Cet article ne donne qu'une hypothèque aux légataires, mais si la succession est purement mobilière, ou encore si les créanciers de l'héritier ont obtenu contre lui un jugement, qu'arrivera-t-il ? Dans le premier cas il est évident que l'article 1017 donne un droit qui ne trouve pas d'objet sur lequel il puisse être exercé. Dans le second cas, il ne donnera souvent aux légataires qu'un droit illusoire, car les

---

[1] Thèse romaine, sect. III, in fine.

créanciers de l'héritier qui ont une hypothèque judiciaire peuvent inscrire cette hypothèque avant que
les légataires aient fait inscrire la leur, et sans qu'on
puisse les accuser de négligence ; ils ne savaient peut-
être pas qu'il existât un testament en leur faveur. Dans
le cas où on trouve une hypothèque légale ayant son
rang, indépendamment de toute inscription, du jour
où la propriété a passé sur la tête de l'héritier, l'hypothèque que lui accorde l'article 1047 serait sans utilité
pour le légataire [1]. Il faut donc tenir pour constant que
les légataires comme les créanciers du défunt ont droit
au bénéfice de séparation.

Les règles qui concernent les créanciers n'étant pas
les mêmes que celles qui concernent les légataires, nous
allons les exposer séparément.

## § 1er.

### Des créanciers du défunt.

9. L'article 878 crée par sa rédaction des difficultés
que la doctrine et la jurisprudence ont heureusement
tranchées. En effet, l'article 878 se rapporte par ses
termes mêmes à l'article 877, dont il semble n'être que
la continuation. Or l'article 877 ne parle que des créanciers du défunt ayant titre exécutoire, et logiquement
il faudrait conclure que les créanciers du défunt qui
n'ont pas de titre exécutoire ne peuvent se prévaloir
du bénéfice de l'article 878. Cependant la doctrine [2] et la
jurisprudence ne font pas cette distinction ; conformes
en cela à l'ancienne jurisprudence, elles accordent le

[1] Dufresne, p. 5.
[2] Chabot, art. 878, n° 4.

bénéfice de séparation aussi bien aux créanciers qui n'ont pas de titre exécutoire qu'à ceux qui en sont munis. Nous ne nous arrêterons pas davantage sur un point que nous ne croyons contesté par personne.

10. Il est une autre question que nous traiterons plus à fond, non pas qu'elle soit discutée maintenant, mais elle l'a été dans l'ancienne jurisprudence, et par de telles autorités qu'elle mérite d'être examinée. Les créanciers hypothécaires ont-ils droit au bénéfice de la séparation? Telle est la question que discutait *Pothier* [1], et qu'il résolvait négativement; *Lebrun* [2], au contraire, décidait avec *Domat* [3] et *d'Héricourt* [4] que les créanciers hypothécaires avaient, aussi bien que les créanciers chirographaires, droit à la séparation.

Dans l'ancienne jurisprudence, alors que les hypothèques étaient occultes, que le droit de suite existait indépendamment de toute inscription, que l'hypothèque, dans certaines coutumes au moins, frappait aussi bien les meubles que les immeubles, l'opinion de *Pothier* pouvait se soutenir, ce grand jurisconsulte avait certainement de bonnes raisons pour lui lorsqu'il disait : « *Le droit de séparation est inutile aux créanciers*
» *hypothécaires dans les coutumes où les meubles sont*
» *susceptibles d'hypothèques, et, dans nos coutumes, lors-*
» *que la succession n'est composée que d'immeubles : la*
» *raison en est que l'action hypothécaire leur suffit pour*
» *être payés sur ces biens, à l'exclusion des créanciers de*
» *l'héritier, qui ne peuvent être mis en ordre d'hypothèque*

---

[1] Pothier, chap. v, art. 4, *Des successions.*

[2] Lebrun, *Successions*, liv. IV, chap. ii, sect. i, § 12.

[3] Domat, liv. III, tit. ii.

[4] D'Héricourt, *Vente des immeubles*, chap. ii, sect. ii, § 45.

» *sur ces biens qu'après tous les créanciers hypothécaires*
» *du défunt ; car l'héritier, leur débiteur, n'ayant les biens*
» *du défunt qu'à la charge des hypothèques des créanciers*
» *du défunt, n'a pu les hypothéquer à ses propres créan-*
» *ciers que sous cette charge. Il n'a pu leur donner d'hy-*
» *pothèques qu'après celles du défunt.* » La jurisprudence
du parlement de Normandie était conforme à cette doctrine. *Lebrun* répondait qu'il était des cas où les créanciers hypothécaires du défunt pouvaient avoir intérêt
à invoquer plutôt la séparation des patrimoines que
leur hypothèque, ce qui était vrai. Il suffisait pour cela
de supposer que l'héritier avait consenti une hypothèque sur ses biens présents et à venir, avant que
le défunt eût consenti l'hypothèque à ses créanciers.
Avec les principes de l'ancien droit français, il n'est
pas douteux que dans ce cas les créanciers de l'héritier
auraient primé les créanciers hypothécaires du défunt.
Et *Lebrun* soutenait qu'aucun texte ne refusant aux
créanciers hypothécaires du défunt le droit de demander la séparation, on ne pouvait leur refuser ce
droit, et les traiter ainsi moins favorablement qu'on ne
traiterait des créanciers purement chirographaires.

Quant à *Domat*, il allait bien plus loin que *Lebrun*,
car il se demandait si les créanciers hypothécaires n'auraient pas seuls droit à la séparation. Il décidait cependant que les créanciers cédulaires du défunt auraient
droit au bénéfice : « *Ce n'est pas l'hypothèque qui donne ce*
» *droit, mais bien la seule qualité de créancier.* » Nous
croyons que la vraie doctrine était celle de *Lebrun* ;
c'est, en tout cas, celle que les interprètes du Code ont
adoptée, et la question présenterait encore maintenant
de l'intérêt. Supposons en effet qu'un créancier hypo-

thécaire du défunt n'ait point encore pris inscription : les créanciers de l'héritier qui auraient une hypothèque pourraient la faire inscrire avant celle des créanciers du défunt; en tout cas, les hypothèques légales de la femme de l'héritier, de ses pupilles, frappant indépendamment de toute inscription l'immeuble au moment où la propriété est transférée, primeraient l'hypothèque non encore inscrite du créancier du défunt. Mais, nous le répétons, la question n'est plus discutée; aujourd'hui surtout que nos hypothèques conventionnelles sont spéciales, l'intérêt des créanciers du défunt à user du bénéfice de séparation est un intérêt non contesté, et nous ne connaissons qu'un seul arrêt[1] qui ait refusé aux créanciers hypothécaires du défunt le droit de demander la séparation des patrimoines.

Ce que nous avons dit du créancier dont la dette est garantie par un cautionnement réel, nous le dirons *à fortiori* de celui dont la dette n'est garantie que par un cautionnement personnel. L'intérêt du créancier de la succession à pouvoir invoquer le bénéfice de séparation est ici encore plus évident, il se peut que la caution qui garantissait sa dette devienne insolvable.

11. Nous avons essayé de prouver jusqu'ici que la séparation des patrimoines était un droit que pouvaient invoquer tous les créanciers du défunt; faut-il comprendre parmi ces créanciers ceux même dont la créance n'est qu'une créance à terme ou conditionnelle? Ce point n'a jamais fait doute. *Papinien*, dans sa loi 4 au Digeste, leur reconnaît ce droit; il n'est point d'auteur coutumier qui le leur ait refusé, tous les interprètes du

---

[1] Cour de Paris, 22 août 1818.

Code civil sont unanimes quant à la question de principe. On ne peut se dissimuler que l'application de ce principe offre quelques difficultés. Un jurisconsulte [1] moderne dit que rien n'empêche, dans le cas d'une dette conditionnelle, de prendre la valeur sur les biens séparés, d'attribuer cette part à l'héritier qui donnera caution de rendre la somme si la condition vient à se réaliser. Ce jurisconsulte ne donne aucune décision en ce qui touche la dette à terme. Nous sommes complétement de l'avis énoncé par M. Marcadé en ce qui touche la dette conditionnelle; mais cependant nous pensons que, dans certains cas, il faudra distinguer. Nous appliquerons le principe quand l'héritier pourra fournir caution; mais si l'héritier ne peut pas fournir caution, et que le créancier, au contraire, soit une personne solvable et fournissant, lui, de bonnes cautions, ne peut-on pas lui confier la chose, si c'est un corps certain qu'il serait dangereux de laisser aux mains de l'héritier? Si c'est une somme d'argent, ne peut-on pas en ordonner le dépôt par analogie avec ce que décide l'article 807? Nous pensons qu'il y a là une question de fait que le tribunal peut apprécier souverainement, sans cependant nier que le principe conserve la possession de la chose due au débiteur jusqu'à l'arrivée de la condition.

Que décider dans le cas où nous nous trouvons en présence d'une dette à terme? Ici ce n'est point l'existence de la dette qui est un empêchement au payement immédiat, c'est le bénéfice du terme. Si ce bénéfice avait été stipulé en faveur du créancier, nous ne faisons

---

[1] Marcadé, art. 878, 1. — Chabot de l'Allier, t. iii, p. 629, sur 878.

aucun doute d'admettre qu'il pourra y renoncer et demander le payement immédiat. Mais le plus souvent le terme est stipulé en faveur du débiteur; la demande de séparation des patrimoines lui fait-elle perdre ce bénéfice? On ne peut pas tirer un argument de l'article 1188 pour faire perdre au débiteur le bénéfice du terme, car nous ne supposons pas l'héritier en faillite ou en déconfiture. Il n'y a contre lui que les craintes peut-être mal fondées du créancier. Les auteurs qui ont examiné la question ne disent rien de particulier pour le créancier à terme, ils ne parlent que du créancier conditionnel. Selon nous, on peut par *à fortiori* appliquer au créancier à terme ce que nous disions du créancier conditionnel [1], car dans notre cas la dette est certaine, et les mesures conservatoires admises pour une dette dont l'existence n'est même pas assurée ne peuvent être refusées à un créancier qui n'a contre lui qu'un terme. Sans doute, notre décision empire la condition du débiteur; mais nous avons vu le même résultat dans l'article 807, qui nous prouve que la loi n'y répugne pas. Nous dirons donc que le créancier à terme peut exiger une caution de l'héritier contre lequel il a formé une demande en séparation des patrimoines. Que si l'héritier ne peut donner caution, on remettra la chose soit au créancier, soit entre les mains d'un tiers, si cette chose est un corps certain. Si enfin la créance a pour objet une somme d'argent, on déposera la somme à la caisse des dépôts et consignations, l'héritier en conservant la jouissance jusqu'au terme. Nous ne nous dissimulons pas que nous donnons des décisions

---

[1] Papinien, L. 4, D. h. t.

que nous serions fort embarrassé d'appuyer sur des
textes du Code; mais en présence du laconisme des
rédacteurs de nos lois, on est forcé, pour exécuter leur
pensée, de trouver des moyens qu'ils auraient peut-
être mieux fait d'indiquer eux-mêmes.

12. Les créanciers chirographaires du défunt, qu'ils
soient créanciers conditionnels, à terme, ou détenteurs
d'une créance pure et simple, sont, entre tous, ceux
auxquels le bénéfice de la séparation est le plus utile.
En effet, n'ayant rien qui garantisse leur créance, ils se
verraient primer sur les biens du défunt par les créanciers de l'héritier, ayant soit une hypothèque légale,
soit une hypothèque générale, soit même une hypothèque spéciale.

13. Nous avons vu que si en droit romain les principes sur le patrimoine exigeaient que la séparation embrassât tous les biens du défunt, ils n'empêchaient pas
que chacun des créanciers du défunt pût demander
seul la séparation. Notre législation, qui n'a pas, comme
nous le verrons, admis la première de ces règles, admet
la seconde. Nous ne pourrions pas, il est vrai, prouver
cette décision par des textes; mais il est évident que la
loi n'a pas exigé la réunion et l'entente des créanciers
héréditaires pour que le droit pût être exercé. D'ailleurs, exiger la réunion des créanciers pour une mesure
conservatoire serait une idée contraire aux principes,
et pour une telle exigence il eût fallu un texte de loi
spécial; il n'en est pas besoin pour que chaque créancier
ait individuellement l'exercice du droit. Autrement la
séparation deviendrait presque impossible. Les créanciers peuvent ne pas se connaître, être éloignés les uns
des autres, et cela tellement que le rapprochement soit

difficile. Dans tous les cas, cette nécessité d'entente produirait des lenteurs préjudiciables aux créanciers diligents. De plus, n'y aurait-il pas à craindre la collusion? Le créancier héréditaire diligent, ayant une créance importante, verrait son droit sacrifié par le créancier négligent ou par celui qui aurait vendu sa résistance aux créanciers de l'héritier ou à l'héritier lui-même.

14. Nous n'examinerons pas la question de savoir si le créancier qui a l'héritier pour débiteur principal et la succession pour caution peut demander la séparation. Nous avons déjà rencontré ce point dans notre travail sur le droit romain [1], où nous avons examiné aussi la question qui s'élève au cas où le créancier de la succession a pour caution l'héritier de cette succession. Nous ajouterons seulement sur ce dernier point que, refuser dans ce cas le droit de séparation au créancier, serait de toute injustice. En effet, la précaution du créancier deviendrait pour lui un préjudice.

L'héritier créancier de la succession peut aussi, s'il a des cohéritiers, demander la séparation. Sa créance n'est éteinte que pour partie par la confusion, il obtiendra la séparation pour ce qui lui reste dû [2].

*Delvincourt* [3] a prévu une espèce assez compliquée, mais très-pratique. Un fils succède à son père et à sa mère; cette dernière avait des reprises à exercer contre son mari. Les créanciers de la mère demandent la séparation des patrimoines, aucune raison n'empêche que

---

[1] L. 3, *De separationibus*, ff. — Domat, liv. III, tit. ii, sect. i. — Vazeille, art. 878, n° 3.

[2] Pothier, *Successions*, chap. v. — L. 7, *De separ.*, C.

[3] Delvincourt, notes sur la page 57, II.

la succession de leur débitrice ne soit séparée du patrimoine de l'héritier. Mais dans ce patrimoine il y a la succession du mari de la débitrice, la question s'élève sur ce point : Les créanciers de la mère peuvent-ils demander que la succession du mari de leur débitrice soit séparée du patrimoine du fils? Évidemment oui, puisque du chef de leur débitrice ils sont créanciers de la succession du mari, contre lequel leur débitrice avait des reprises à exercer. Et c'est ainsi que décidait d'*Héricourt* [1]. La seule objection que l'on pourrait faire, c'est que le fils héritier de la succession créancière et de la succession débitrice a éteint la dette par la confusion. Mais cette objection [2] n'en est pas une, puisque c'est justement pour éviter la confusion que l'on a introduit la séparation. Et nous dirons ici une fois pour toutes que, quand il n'y a pour objection à la séparation que la confusion, cette objection n'est pas admissible, car elle n'est autre chose que la réponse à une demande par la demande elle-même.

Il est encore une question que nous ne ferons que rappeler, l'ayant déjà examinée dans notre thèse romaine: l'héritier contre lequel on a demandé la séparation venant à mourir, ses créanciers peuvent demander la séparation, mais seulement contre l'héritier de cet héritier, jamais contre la succession dont leur débiteur était héritier [3].

---

[1] D'Héricourt, *Vente par décret*, chap. II, sect. XI.

[2] Chabot, 878.

[3] Delvincourt, II. Notes sur la page 57. — L. 1, § 8, *De separationibus*, ff.

## § 2ᵉ.

### Des légataires du défunt.

15. Nous avons dit plus haut (n° 8) comment le droit des légataires ne pouvait être contesté, nous avons essayé de démontrer que ce droit à la séparation des patrimoines ne faisait pas double emploi avec l'action hypothécaire que leur accorde si malheureusement l'article 1017. Il ne nous reste plus qu'à examiner dans quels cas la séparation des patrimoines sera utile aux légataires du défunt. Et d'abord il nous faut écarter une objection qui ne nous paraît pas sérieuse, mais qu'il faut cependant réfuter, puisqu'elle a été produite.

L'on a dit que parmi les légataires, ceux-là seuls qui avaient un titre authentique pouvaient user du bénéfice de l'article 878, et cela parce que 2111 exige l'inscription en ce qui touche les immeubles, et que 2148 ne permet de s'inscrire qu'en vertu d'un titre authentique. L'on dit aussi que 2128 s'oppose à ce qu'un acte passé en pays étranger donne un droit d'hypothèque en France, et l'on en conclut que le légataire qui ne pourrait présenter qu'un testament fait à l'étranger ne pourrait user du bénéfice de 878. Nous répondrons qu'il ne s'agit pas ici d'hypothèque, que l'article 2148 ne peut donc pas s'appliquer ici, pas plus que 2128. Il s'agit ici d'une créance privilégiée pour laquelle la manifestation seule de la volonté du défunt suffit, lorsque cette volonté est légalement constatée[1]. D'ailleurs, avec le

---

[1] Grenier, *Successions*.

système que nous combattons, il faudrait exiger aussi
un titre authentique des créanciers, car eux aussi sont
soumis à la formalité de 2111, et c'est ce qu'on ne peut
soutenir. Et nous le répétons, il ne s'agit pas ici d'une
hypothèque.

16. Mais revenons à la question plus pratique de
savoir à quels légataires le bénéfice de séparation peut
servir. Les légataires sont légataires universels, ou à
titre universel, ou à titre particulier. Nous allons examiner la question à ces trois points de vue.

*Légataires universels.* Leur titre les rend propriétaires
de toute la succession, ils ont même souvent la sai-
sine. Mais le legs peut être à terme, il peut dépendre
d'une condition, et ils ne peuvent alors conserver leurs
droits contre les créanciers de l'héritier légitime qu'au
moyen de la séparation. Et si le legs est un legs de meubles, ils ne peuvent aussi conserver leurs droits que
par la demande de séparation, seul moyen d'empêcher
la confusion entre les meubles de l'héritier et les meubles de la succession.

*Légataires à titre universel.* Ce que nous avons dit
du légataire universel s'applique *à fortiori* aux légataires
à titre universel. Sans doute, souvent ils pourront reven-
diquer purement et simplement ce qui leur a été légué ;
mais souvent aussi il y aura une liquidation à faire, et
alors ils auront besoin de la séparation des patrimoines,
surtout lorsque leur legs consistera dans une quote-part
du mobilier dont la confusion est facile avec le mobilier de l'héritier. Leur intérêt à demander la séparation
est encore évident au cas où le legs est conditionnel ou
soumis à un terme.

*Légataires particuliers.* Si le legs est un legs de corps

certain, il est évident que le légataire, qui a l'action *in rem* (1014) contre tout détenteur de l'objet à lui légué, n'a pas besoin de la séparation des patrimoines; mais cependant cela ne peut s'appliquer qu'aux immeubles, et le légataire a un grand intérêt à demander la séparation s'il s'agit de meubles légués à cause de 2279. Il a même intérêt à demander la séparation quand il lui a été légué des immeubles, cette mesure lui assurera la restitution des fruits. Le legs peut être soumis à un terme, à une condition, et dans ce cas il peut ne pas vouloir laisser entre les mains d'un mauvais administrateur l'immeuble à lui légué, et surtout le meuble pour lequel il a de plus à craindre les conséquences du principe de l'article 2279.

L'intérêt du légataire particulier est bien plus évident encore au cas où il est légataire d'une somme d'argent ou d'une quantité quelconque. Dans ce cas son intérêt est le même que celui de tout créancier de la succession, et chercher à l'établir serait une inutile répétition de ce que nous avons dit dans le paragraphe précédent.

Il est bien évident que par la règle de bon sens *nemo liberalis nisi liberatus*, les légataires ne peuvent jamais exercer leurs droits au préjudice des créanciers du défunt.

Nous ne reviendrons pas sur la manière de procéder au cas où le legs est à terme ou sans condition. Ce que nous avons dit pour les créances qui ne sont pas pures et simples s'applique également en matière de legs.

## Section II.

*De ceux à qui la loi refuse la séparation des patrimoines.*

17. La loi refuse le bénéfice de la séparation des patrimoines : 1° aux créanciers de l'héritier toujours ; 2° aux créanciers et légataires du défunt quelquefois, et dans des circonstances que nous aurons à déterminer.

## § 1er.

### Des créanciers de l'héritier.

18. Nous avons vu dans notre thèse sur le droit romain que la loi 1, § 2, *De separat.,* réservait aux seuls créanciers du défunt le bénéfice de séparation. *Ulpien* nous en donne un motif bien décisif : « *Nam licet alicui ; adjiciendo creditorem, creditoris sui facere deteriorem conditionem.* » Nous ne discuterons pas ce point, il nous semble évident. Cependant l'ancienne jurisprudence française n'admet pas les principes du droit romain. La seule chose qu'on puisse dire pour la justifier, c'est que l'héritier n'était pas obligé envers les créanciers du défunt, tant que les titres exécutoires contre le défunt n'avaient pas été déclarés tels contre lui par un jugement[1]. Il en résultait même que les créanciers personnels de l'héritier qui avaient soit obtenu un jugement, soit inscrit des titres hypothécaires antérieurement à l'obtention du titre exécutoire par les créanciers du défunt, étaient préférés à ces créanciers

---

[1] *Coutume de Paris,* art. 168. — Ordonn. de Henri II (1549), art. 1.

du défunt. La plupart des auteurs avaient tiré une fausse conséquence de ces principes : selon eux, la prohibition romaine qui enlevait le bénéfice de séparation aux créanciers de l'héritier ne pouvait pas être appliquée dans la jurisprudence française [1]. *Domat* [2] lui-même céda au mouvement général, il ne goûte pas le raisonnement d'*Ulpien*, l'accuse de subtilité et veut que, par un même esprit de justice, le bénéfice de séparation soit accordé aux créanciers de l'héritier comme à ceux du défunt. Nous devons ajouter qu'un magistrat (le président *Espiard*), dans un traité sur les successions, faisait remarquer que dans le ressort de certains parlements, surtout en Normandie et en Bourgogne, les biens de l'héritier se trouvaient hypothéqués de plein droit aux créanciers du défunt du jour de l'adition. Nous devons reconnaître qu'il eût été dur alors de refuser en pareil cas le droit de séparation aux créanciers de l'héritier, surtout aux créanciers chirographaires primés par l'hypothèque des créanciers du défunt.

Cette jurisprudence était vivement attaquée : « *Il » faut convenir que l'on vit ainsi au palais, et que beau- » coup de monde y est prévenu de cette opinion.* » Telles

---

[1] C'est ce qu'attestent, pour le parlement de Paris, Brodeau, lettre H, § 19; pour le parlement de Rouen, Basnage, t. II, liv. IV, tit. III, chap. VII. — Enfin, un arrêt du parlement de Paris (14 août 1625) fixa la jurisprudence dans ce sens. Le président de Verdun prononça cet arrêt en robe rouge, jugeant en thèse que le bénéfice de séparation peut être obtenu par les créanciers de l'héritier aussi bien que par ceux du défunt. (*Journal du Palais*, t. II, p. 633, édition de 1704.)

[2] Domat, *Lois civiles*, liv. III, tit. II, sect. I, § 1. — Brillon, *Jurisprudence universelle*, v° Séparation, § 1. — De Montvalon, *Des successions*, t. I, p. 160.

sont les paroles de *Lebrun* [1], qui, avec *Pothier* [2], défendait les vrais principes posés par le droit romain. « *Pourquoi, dit Pothier, un débiteur qui accepte une succession onéreuse ne pourrait-il pas contracter, au préjudice de ses créanciers, la dette qu'il contracte envers les créanciers de la succession par cette acceptation, de la même manière qu'il peut contracter, au préjudice de ses créanciers, toute autre dette pour quelque cause que ce soit ?* » Ces paroles de *Pothier* ne sont que la paraphrase de la loi d'*Ulpien*.

*Lebrun* ajoutait : « D'ailleurs serait-il juste que l'on » pût rendre inutile une adition d'hérédité pure et » simple, qui oblige indistinctement à payer les dettes » du défunt par des titres qui, étant sous seing privé, » n'ont point de date certaine ? Et ne serait-ce pas un » moyen infaillible pour se décharger des dettes d'une » succession que l'on aurait acceptée témérairement, » que de susciter ou feindre à plaisir des créanciers » chirographaires qui séparent les patrimoines et absor- » bent les biens de l'héritier ? » On aurait pu lui répondre en exigeant des créanciers de l'héritier pour demander la séparation une date certaine antérieure à l'adition d'hérédité.

En résumé, l'ancienne jurisprudence avait bien des raisons d'être, et si *Pothier* et *Lebrun* sont plus conformes au principe, nous devons reconnaître qu'ils ne répondent rien aux arguments tirés de la pratique de certaines coutumes. Ils raisonnent avec les principes romains et négligent les changements que les nouveaux principes coutumiers avaient introduits.

[1] Lebrun, liv. IV, chap. ii, sect. i.
[2] Pothier, *Successions*, chap. v, art. 4.

Le Code civil, qui n'est à proprement parler que la reproduction de *Pothier*, a donc suivi la doctrine romaine dans l'art. 881 ; et le Code a pu le faire plus facilement que ne le pouvait Pothier, ayant supprimé ces principes coutumiers que *Basnage*, *Espiard* et *Domat* invoquaient contre le droit romain.

19. Est-ce à dire que les créanciers de l'héritier seront complétement à la merci de leur débiteur, qui pourra méconnaître leurs droits par une acceptation frauduleuse d'une succession évidemment mauvaise? Le droit romain avait prévu ce cas[1] et avait autorisé les créanciers frauduleusement lésés à demander la rescision de l'adition ; mais le jurisconsulte reconnaît que cette rescision sera difficile, car enfin le principe est « *sibi imputent qui cum tali contraxerunt.* » *Lebrun* avait adopté ici le système de la loi 1, comme dans tous les autres points de cette matière il a suivi les errements du droit romain. Pour nous, nous n'hésitons pas à penser que le grand principe de l'article 1167 trouverait ici son application. Remarquons seulement que, pour anéantir l'acceptation de la succession, il faut prouver le concert frauduleux de l'héritier et des créanciers du défunt, car tout ce que les tiers ont fait de bonne foi avec l'héritier est valable, et les droits qui en résultent leur sont acquis irrévocablement[2]. De plus, comme la fraude ne se présume pas, ce sera aux créanciers de l'héritier à prouver le concert frauduleux, ce qui ne sera pas facile, nous en convenons.

Un auteur[3] bien recommandable refuse compléte-

---

[1] L. 1, § 5, h. t. ff., et L. 3, qui in fraudem, ff.

[2] L. 2, § 1, h. t. ff.

[3] Chabot, *Successions*, art. 881, n° **2**.

ment aux créanciers de l'héritier le droit d'invoquer
l'article 1167. *M. Chabot* fonde son opinion sur les termes mêmes de 1167 : « *Ils* ( les créanciers ) *doivent*
» *néanmoins, quant à leurs droits énoncés au titre Des*
» *successions... se conformer aux règles qui y sont pres-*
» *crites.* » Et M. *Chabot,* s'emparant de ces derniers mots
de l'article 1167, en tire la conclusion suivante : « *Il est*
» *bien dit dans l'article 788, au titre Des successions, que*
» *les créanciers du successible peuvent faire révoquer dans*
» *leur intérêt la renonciation qu'il a faite à la succession*
» *qui lui était échue et se faire autoriser à accepter cette*
» *succession en son lieu et place, mais il n'est dit dans*
» *aucun des articles, soit du titre Des successions, soit des*
» *autres titres du Code, que les créanciers personnels de*
» *l'héritier qui a accepté une succession aient le droit de*
» *faire révoquer cette acceptation ou d'en empêcher les*
» *effets; et, au contraire, il est de principe élémentaire*
» *que l'acceptation est irrévocable avec la seule exception*
» *énoncée dans 783.* » Il est impossible d'admettre l'opinion de *M. Chabot,* qui, d'ailleurs, se contredit lui-
même; puisque s'il refuse aux créanciers de l'héritier
le droit de faire annuler l'acceptation de la succession,
il leur accorde cependant, en vertu de ce même article 1167, le droit d'empêcher les créanciers du défunt
de se faire payer sur les biens de l'héritier. Mais laissant
de côté cette contradiction, voyons si l'argument que
nous présente *M. Chabot* n'est pas facilement réfutable.
L'argument est un argument *a contrario,* ce qui ne lui
donne pas grande valeur, et de plus, il n'est même pas
concluant. En effet, 788 ne donne pas le droit *de faire
révoquer* la renonciation, comme le dit *M. Chabot;* il
permet seulement aux créanciers de se faire autoriser à

accepter au lieu et place de l'héritier à l'égard duquel la renonciation *continue à subsister*. On ne peut donc pas même tirer un argument *à contrario* de l'article 788. L'article 1167 pose dans son alinéa premier une règle générale très-étendue qui comprend l'acte par lequel un successible accepte une succession comme tout autre acte : la loi ne fait aucune distinction. Et notre droit, qui a introduit l'action Paulienne contre les actes de renonciation, nous donne au contraire le moyen de trouver un argument *à fortiori* dans 788, au lieu d'y trouver un argument *à contrario*. En effet, on comprend qu'il ait paru nécessaire aux rédacteurs du Code de créer un article pour donner à des créanciers un droit que leur refusait la législation romaine, et il est d'une argumentation erronée de trouver dans ce fait une raison de penser qu'on a voulu refuser un droit qui jamais ne fut contesté.

## § 2<sup>e</sup>.

Des créanciers et légataires du défunt qui ne peuvent demander la séparation.

**20.** Plusieurs causes peuvent priver les créanciers héréditaires du bénéfice de séparation. Ces diverses causes peuvent se réduire à quatre :

1° *La confusion;*

2° *La renonciation;*

3° *La prescription;*

4° *L'aliénation des biens de la succession.*

**21.** *Confusion*[1]. — Nous ne trouvons pas dans notre

[1] Nous ne parlons pas ici d'une confusion légale, mais d'une confusion de fait toute matérielle.

droit français un texte aussi précis que celui du Digeste [1].
Cependant il nous paraît impossible de demander la séparation quant à des biens confondus avec ceux de
l'héritier. Sans nous arrêter ici à la forme à employer
ni aux mesures conservatoires du droit, nous dirons
que si les créanciers ont eu soin de faire faire un inventaire, cet inventaire pourra leur servir à faire cesser la
confusion, et que, s'ils peuvent établir l'identité de
certains meubles corporels ayant appartenu au défunt,
tant qu'ils seront dans le délai de 880, ils pourront faire
séparer ces biens. Et même à défaut d'inventaire, nous
ne pensons pas que la confusion puisse être opposée
comme fin de non-recevoir aux créanciers du défunt
demandant la séparation. Nous sommes plus porté à
admettre avec un auteur recommandable [2] que si les
créanciers peuvent établir l'identité d'un meuble du
défunt, il ne leur sera point refusé de le faire dans les
limites de 880, bien entendu, et cela par tous les
moyens possibles. Nous n'avons parlé de l'inventaire
que comme d'un moyen plus régulier de constater
l'identité des objets et de faciliter la reconnaissance de
cette identité.

Ce que nous venons de dire de la confusion ne s'applique qu'aux meubles corporels et nullement aux meubles incorporels ni aux immeubles. En ce qui touche
les meubles incorporels, la confusion n'est pas possible
(à moins que les débiteurs ne payent à l'héritier, ce
qui peut donner lieu à des mesures conservatoires que
nous examinerons plus loin), mais la créance en elle-
même ne peut pas se confondre avec les biens de l'hé-

[1] L. 1, § 12, h. t. ff.
[2] Vazeille.

ritier. Nous ne pouvons nier que cette distinction que nous établissons ici entre les meubles corporels et les meubles incorporels est un peu arbitraire et que l'article 880 ne distingue pas ; mais en cette matière, le laconisme désespérant des textes nous force, comme il a forcé la jurisprudence, à suivre la doctrine des anciens auteurs, que nous ne faisons que répéter, en établissant cette distinction que les textes auraient dû faire.

En ce qui touche les immeubles, la confusion est impossible, leur identité est toujours facilement reconnaissable. Nous pouvons, du reste, appuyer cette opinion des termes de l'article 880, qui, sauf des distinctions que nous essayerons de faire ressortir tout à l'heure, admet que la séparation est possible à leur égard tant qu'ils restent dans les mains de l'héritier. La conséquence de cet article n'est-elle pas que la confusion est impossible ? A moins qu'on ne parle de quelques immeubles tout particuliers, comme les actions de la Banque de France, les actions de quelques canaux ou mines, le doute ne saurait exister. Pour ces immeubles tout spéciaux, le texte de 880 nous suffirait à la rigueur ; mais en admettant même que l'article 880 n'ait point eu en vue cette classe d'immeubles, nous déciderions cependant que la confusion est impossible, car ces actions sont au moins des créances immobilières, et ce que nous avons dit relativement aux meubles incorporels leur est alors applicable.

Au reste, la confusion, quand elle peut exister, n'étant qu'un obstacle de fait à l'exercice de la séparation, elle n'empêche cet exercice que dans la limite où elle existe. La confusion partielle ne fait point obstacle à la séparation en ce qui touche les biens non confondus [1].

22. *Renonciation*. — L'article 879 est ainsi conçu :
« *Ce droit ne peut cependant plus être exercé lorsqu'il y a*
» *novation dans la créance contre le défunt, par l'accepta-*
» *tion de l'héritier pour débiteur.* » Nous trouvons dans
cet article le mot *novation*. Est-il pris dans le sens que lui
donne 1234? En aucune façon, car alors l'article 1271,
qui nous dit que la novation s'opère ou par le changement de l'objet dû, ou par le changement du créancier, ou par le changement de débiteur, ne saurait s'appliquer à la novation dont parle notre article 879. En
effet, il n'y a pas ici changement de la chose due, ni de
créancier, ni même de débiteur ; l'héritier étant légalement la même personne que le défunt, il n'y a pas de
débiteur nouveau. Nous ajouterons même qu'il y a si
peu changement de la chose due que la créance héréditaire reste toujours la même, avec tous ses accessoires
et toutes ses garanties, à l'inverse de ce qui arriverait
s'il s'agissait d'une novation ordinaire, comme le prouve
l'article 1278.

Tout le monde est d'accord qu'il s'agit dans 879
d'une novation *sui generis*, qui n'a d'autre effet que
de faire perdre aux créanciers héréditaires le droit à la
séparation. Du reste, cette impropriété dans les termes
s'explique en cet endroit. Dans les lois romaines [2], d'où
cette disposition est tirée, une simple acceptation de
l'héritier pour débiteur suffisait pour qu'il y eût novation [3]. *Justinien* a changé cela dans son *Codex* [4], que

---

[1] Cassation, 8 novembre 1815.
[2] L. 1, § 12, h. t. ff.
[3] Toullier, t. vii, n°s 283, 284.
[4] L. 8, *De novationibus*.

l'article 1271 a reproduit. Mais le mot est resté dans les lois qui traitent de la séparation, et de copie en copie il s'est trouvé introduit dans l'article 879, sans grand dommage du reste, puisque tout le monde s'accorde sur le sens qu'il doit avoir. Il aurait mieux valu mettre que le droit à la séparation cessait quand il y avait de la part des créanciers héréditaires une renonciation. Nous nous bornerons pour le moment à la critique du commencement de l'article 879; l'examen des derniers mots de l'article, la discussion sur leur portée trouveront mieux leur place dans le chapitre que nous avons consacré à l'étude de l'article 2111.

La novation, ou, pour mieux dire, la renonciation, dont nous parle l'article 879, sera rarement une renonciation expresse. Si elle existe, aucun doute n'est possible. Ceci prouve encore qu'il faut bien se garder d'appliquer ici les principes des articles 1271 et suivants, car d'après ces articles, cet acte ne constituerait pas une véritable novation, mais ne serait considéré que comme une simple reconnaissance de la dette. La difficulté commence quand il s'agit d'apprécier s'il résulte d'un acte une novation tacite. Les tribunaux sont en pareille matière juges souverains.

Les jurisconsultes romains nous avaient enseigné [1] qu'il suffisait que les créanciers héréditaires eussent accepté *qualiter qualiter* l'héritier comme débiteur unique et direct. C'est ce que la doctrine et la jurisprudence moderne ont admis.

Ainsi il y aura novation :

1° Si le créancier a accepté un gage, une hypothè-

---

[1] L. 1, § 15, h. t. ff.

que, une caution de la part de l'héritier. Dans ce cas, en effet, loin de repousser la confusion que la loi établit, le créancier a confirmé cette confusion [1].

2° Exiger des intérêts entraîne aussi la renonciation à la séparation. Mais remarquons qu'il faut que les intérêts aient été *exigés ;* les *recevoir* ne serait pas une cause de novation, car il est possible que ces intérêts soient pris sur la masse de la succession, et alors le créancier n'a pas accepté la confusion [2]. Il y a là du reste une nuance qui variera selon les espèces [3]. Ainsi, par exemple, on a jugé et, avec raison selon nous, que si le créancier accepte l'indication d'un tiers qui payera les intérêts en l'acquit de l'héritier, encore bien que le créancier n'ait déchargé ni l'héritier ni la succession, il aurait cependant encouru la déchéance du droit de séparation ; car accepter ce tiers pour débiteur, c'est la même chose qu'accepter l'héritier lui-même.

3° La signification d'un titre exécutoire, l'assignation donnée à l'héritier ne sont pas par elles-mêmes des renonciations au droit de demander la séparation. La loi romaine [4] nous l'a déjà dit, ce créancier peut avoir été forcé de faire ces poursuites. L'exécution même d'un titre exécutoire ne ferait pas présumer la renonciation si elle était faite sur des biens de la succession. Mais si la procédure ne peut se comprendre qu'avec l'idée que le créancier poursuit l'héritier personnellement, s'il fait saisir les biens de cet héritier, s'il pro-

---

[1] Cassation, 7 décembre 1814. V. Dalloz, *Successions*, n° 12. — Cass., 30 janvier 1834. V. Dalloz, 1834, I, 136.

[2] Chabot. — Vazeille, 879.

[3] Cour de Paris, 1er nivôse XIII. — Sirey, I, 610.

[4] L. ult., h. t. ff. — L. 2, C. h. t.

duit à un ordre ouvert sur les biens de cet héritier, alors il sera évident que ce créancier a accepté la confusion légale et qu'il sera alors déchu du droit de demander la séparation [1].

Il se pourrait cependant que le créancier n'ait pas perdu son droit à la séparation, quoique ayant poursuivi l'héritier ou ses biens. Ce sera quand celui-ci sera obligé personnellement, ou que ses biens seront hypothéqués pour la sûreté de cette dette. Ainsi le défunt était débiteur principal, l'héritier l'avait cautionné personnellement ou en engageant ses biens. Ou bien encore, l'héritier était le débiteur principal que le défunt avait cautionné. Nous avons examiné ce point en droit romain [2]. Nul n'est censé renoncer à un bénéfice établi en sa faveur; dans ces cas, le créancier en agissant ne doit être considéré que comme ayant agi contre l'héritier en vertu de l'action qu'il avait directement contre lui [3].

4° Une simple prorogation de terme donnerait-elle lieu à l'application de 879? Nous pensons que oui [4]. Deux auteurs [5] ont soutenu le contraire, et ils se sont fondés sur ce que 2039 décide que le délai accordé au débiteur ne libère pas la caution, parce qu'il n'y a pas là une novation dans le sens de 1281. Nous répondrons qu'il ne s'agit pas ici de la novation de 1271 et de 1281, mais de ce que 879 appelle novation ou accep-

---

[1] Montpellier; 26 février 1810. — V. Sirey, 10, 2, 206.

[2] L. 3, § 1, h. t. ff.

[3] Dormeau, *De jur. civ.*, lib. XXIII, cap. 20, 31. — C. de cass., 22 juin 1841.

[4] Malleville.

[5] Chabot. — Delvincourt.

tation de l'héritier pour débiteur, abstraction faite de la personne du défunt. Or, il n'y a pas, selon nous, d'acceptation plus formelle que celle qui se produit par la prolongation d'un terme.

Nous pourrions, en recherchant dans la jurisprudence, trouver bien d'autres exemples de renonciation tacite ; mais il faudrait donner à notre travail une étendue qu'il ne comporte pas ; il nous suffit d'avoir indiqué l'esprit et la tendance de la doctrine et de la jurisprudence sur ce point.

**23.** *Prescription.* — Nous avons vu qu'à Rome la demande de séparation pouvait être intentée pendant cinq ans, à partir du jour de l'adition [1], qu'il s'agit de meubles ou d'immeubles.

Notre ancien droit n'avait à cet égard fixé aucun délai ; la prescription était donc acquise à l'héritier seulement au bout de trente ans [2].

Le Code civil a établi des règles toutes nouvelles dans l'article 880. On distingue entre les meubles et les immeubles. Pour ceux-ci, il permet l'exercice de l'action en séparation tant qu'ils sont aux mains de l'héritier ; mais en ce qui touche les meubles, le législateur a pensé qu'après un certain délai ils seraient confondus avec les biens de l'héritier, si bien qu'ils ne seraient pas reconnaissables.

Aussi, trois ans après l'ouverture de la succession, la séparation ne pourra plus être demandée à l'égard des meubles. Remarquons qu'ici la prescription a deux raisons d'être particulières : d'abord une nécessité de crédit, et ensuite la présomption de confusion maté-

---

[1] L. 4, § 13, h. t. ff.
[2] Pothier, *Successions*, VII, 5.

rielle, présomption légale. Aussi, lors même qu'après les trois années il serait en fait possible de distinguer les meubles de la succession, il ne serait cependant pas possible légalement de le faire. L'on comprend facilement pourquoi le législateur a établi ici une prescription particulière, et du reste nous retrouverons cette matière dans notre chapitre IV. Ajoutons cependant que si la créance était prescrite avant le délai de trois ans pour le droit à exercer sur les meubles, à une époque quelconque pour les droits à exercer sur les immeubles, mais avant que les immeubles soient sortis des mains de l'héritier, il est bien évident que le droit à la séparation cesserait d'exister, en même temps que la créance dont il n'est qu'un accessoire.

24. *Aliénation des biens de la succession.* — En ce qui touche les meubles, l'article 880 est muet; mais nous pouvons tirer un *à fortiori* de sa décision en matière d'immeubles. Du reste, l'article 2279 garantira toujours le tiers, à moins qu'il n'y ait mauvaise foi, puisque 2279 ne présume que le titre. Seulement la mauvaise foi devra être prouvée par le créancier héréditaire, puisque la bonne foi est toujours présumée.

En ce qui touche les immeubles, l'aliénation éteint le droit de séparation (sauf, bien entendu, ce que nous verrons plus loin en traitant de l'article 2111). Le droit romain[1], notre ancienne jurisprudence[2], étaient formels à cet égard.

Ce que nous disons de la vente, nous le dirons de l'échange, 880 ne distingue pas, nous n'éprouvons pas ici la difficulté que nous avons rencontrée en droit romain.

[1] L. 2, h. t. ff.
[2] Lebrun. — Domat, liv. III, tit. II, sect. I.

Si la chose vendue par l'héritier n'a pas encore été payée, les créanciers de la succession pourront-ils faire comprendre le prix dû parmi les biens de la succession et demander la séparation à l'égard de ce prix ? L'affirmative nous semble évidente ; nous avons vu ce point en droit romain, nous n'y reviendrons pas [1].

Il est une hypothèse qui offre quelques difficultés. *Quid* si l'héritier a vendu un immeuble de la succession avec faculté de rachat, ou s'il existe en sa faveur une action en nullité de l'aliénation ? Si l'acheteur n'a pas encore payé le prix, les créanciers du défunt auront droit à demander que cette créance soit comprise dans les biens séparés. Si l'acheteur avait payé, pourront-ils exercer le rachat ? Nous n'en doutons pas, de même que nous ne doutons pas qu'ils n'aient l'exercice de l'action en nullité, non pas en vertu de 1166, mais parce que cette faculté de rachat, cette action en nullité, sont attachées à des biens du défunt, et qu'ils ont droit sur tout le patrimoine du défunt, et que cette faculté, cette action sont des créances qu'ils trouvent dans ce patrimoine. Quand ils auront fait rentrer ces biens dans le patrimoine reconstitué du défunt, ils demanderont alors la séparation.

Le droit des créanciers héréditaires sur le prix des choses vendues, leur droit à exercer l'action en nullité ne se prescrivent que par trente ans ; car la première partie de 880 n'est plus applicable à ces droits, qui sont des meubles incorporels.

Le Code, dans les expressions vraiment trop vagues de 880, ne décide pas la question de l'influence des

---

[1] Marcadé, 880. — Toullier, IV, n° 539. — Delvincourt, II, n° 177. — Poitiers, 28 janvier 1823. — Grenoble, 7 février 1827.

hypothèques, droits de gage ou de nantissement consentis par l'héritier sur la durée de la demande de séparation. Nous pensons que la doctrine romaine [1] doit être suivie, sans nous dissimuler que les mots, *tant qu'ils existent dans la main de l'héritier,* semblent combattre cette doctrine en ce qui touche les droits de nantissement.

## CHAPITRE DEUXIÈME.

### CONTRE QUI LA DEMANDE EN SÉPARATION DOIT-ELLE ÊTRE INTENTÉE?

25. L'article 878 porte que : *Les créanciers héréditaires peuvent demander dans tous les cas, et contre tout créancier, la séparation,* etc. Il faut donc un jugement pour obtenir la séparation. Pourquoi, puisque nous convenons que ceux qui y ont droit y ont droit *de plano* [2]? C'est que d'abord il faut qu'ils prouvent leurs titres, et ensuite il faut qu'il n'y ait pas eu confusion réelle des biens du défunt avec ceux de l'héritier; il faut, en un mot, que la justice puisse vérifier s'il y a lieu à accorder la séparation. Elle est de droit en ce sens que, si toutes les conditions voulues existent, le juge ne pourra pas la refuser en se fondant sur l'inutilité de la demande. De ce que la séparation résulte d'un jugement, il suit que le jugement n'a d'effet qu'à l'égard de ceux qui l'ont obtenu, et seulement contre ceux contre qui il a été obtenu (1351, C. c.).

[1] L. 1, § 3, h. t. ff.
[2] Lebrun.

La séparation peut être demandée contre les créanciers de l'héritier, contre tous ou contre l'un d'eux seulement. Dans ce dernier cas même, ceux contre qui on l'a demandée ne peuvent pas se plaindre; car ce que leurs cocréanciers, contre qui la séparation n'a pas été demandée, prendront dans les biens du défunt diminuera d'autant la portion pour laquelle ils viendront se faire colloquer sur les biens de l'héritier.

La séparation peut être demandée contre tous les créanciers de l'héritier, quelle que soit la faveur attachée à leur créance : *Etiam adversus fiscum et municipes* [1]. Cependant il s'est élevé quelques questions à ce sujet. On s'est demandé si certains créanciers de l'héritier ne devaient point être préférés aux créanciers héréditaires, même sur les biens de la succession. Nous renvoyons l'examen de cette question au chapitre VI<sup>e</sup> de notre travail.

De même que l'on peut demander la séparation contre un créancier et ne pas la demander contre les autres quand il n'y a qu'un héritier; de même, s'il y a plusieurs héritiers, on peut ne demander la séparation que contre les créanciers ou le créancier de l'un d'eux, et admettre les effets de la confusion à l'égard des créanciers des autres héritiers. La séparation résultant d'un jugement n'a d'effet que dans les limites de 1351.

26. L'article 878 ne paraît permettre, selon quelques-uns, de demander la séparation que contre les créanciers de l'héritier. La doctrine et la jurisprudence ont pensé, et avec raison, que l'on pouvait encore user du bénéfice de séparation contre d'autres personnes.

[1] L. 1, § 4, 2, h. t. ff.

Nous trouvons même qu'en décidant ainsi l'on ne rencontre pas contre soi le texte de 878. En effet, si l'on reporte son attention sur les mots *en tous les cas*, on voit que c'est là l'idée principale du législateur. Les créanciers héréditaires peuvent demander la séparation *dans tous les cas*, c'est-à-dire *contre tous*, et l'article ajoute, *et contre tout créancier*, afin d'éviter toute idée de discussion sur la question qui aurait pu s'élever : de savoir si les créanciers héréditaires pourraient invoquer la séparation contre certains créanciers de l'héritier vus favorablement par la loi. Voyons donc quels sont ceux contre qui les créanciers héréditaires ayant intérêt à demander la séparation pourront la demander.

En première ligne, nous rencontrons les légataires mêmes du défunt. Devenus, par l'acceptation de l'héritier, créanciers de l'héritier, on ne pourrait plus invoquer contre eux la maxime *nemo liberalis nisi liberatus*, puisque les biens seraient confondus. Cette confusion cessant, et elle ne peut cesser que par la demande de séparation, les créanciers héréditaires pourront seulement alors invoquer la maxime que nous venons de citer [1]. Et la nécessité d'accorder ce droit aux créanciers est rendue plus évidente encore par l'introduction singulière dans notre Code de l'article 1017. En effet, les légataires, en vertu de cet article, seraient préférés sur les immeubles de la succession aux créanciers héréditaires, qui ne seraient que chirographaires, et même à ceux qui auraient une hypothèque non inscrite avant la leur à eux légataires (2134).

Nous admettrons également les créanciers héréditai-

---

[1] C. de cass., 9 décembre 1823. — 2 prairial XII.

res à demander la séparation contre leurs cocréanciers à qui l'héritier aurait concédé une hypothèque sur les biens héréditaires. La séparation aura pour effet alors d'anéantir cette hypothèque en ce qui regarde les créanciers demandant la séparation. Et les créanciers qui ont accepté cette hypothèque ne pourront pas se plaindre, car, par leur acceptation, ils ont pris le caractère de créanciers de l'héritier, faisant abstraction de leur position particulière, et l'article 878 leur est applicable de tous points. Nous reviendrons sur ce point dans notre chapitre VIe.

27. Nous arrivons à un point beaucoup plus controversable, et sur lequel les auteurs sont loin d'être d'accord. Peut-on demander la séparation contre l'héritier? Nous allons présenter d'abord les objections du système que nous combattons, et nous tâcherons ensuite de les réfuter [1].

« Nous n'irons pas jusqu'à admettre (disent nos ad- » versaires) que la demande en séparation peut être in- » tentée contre l'héritier lui-même. Une pareille solution » nous paraît contraire au but que se proposent les créan- » ciers héréditaires, et au texte de l'article 878, sur » lequel s'appuient cependant nos adversaires. Ils ont » prétendu, en effet, que la loi se servant de ces expres- » sions : *dans tous les cas*, déclare implicitement que la » demande peut être formée contre l'héritier lorsqu'il » n'y a pas de créanciers connus. C'est là une erreur » qui tient à une fausse interprétation du texte.

» Ces mots : *dans tous les cas*, sont loin d'avoir le

[1] Ces objections sont parfaitement formulées dans la thèse de M. Mage de la Faculté de Toulouse, et nous n'avons pas cru pouvoir mieux présenter ces objections qu'en copiant le passage qui traite ce point.

» sens qu'on y attache ; ils signifient uniquement que
» la demande peut être formée, que la créance soit pure
» et simple, conditionnelle ou à terme, qu'elle soit par
» acte authentique, par acte privé ou même purement
» verbale. Aussi la loi, loin de laisser supposer par la
» généralité de ses termes que la demande peut être in-
» tentée contre l'héritier, a-t-elle soin d'ajouter : *contre*
» *tout créancier de l'héritier,* ce qui exclut, selon nous,
» l'héritier lui-même. C'est peut-être ce que n'ont pas
» assez observé les partisans de la doctrine que nous
» combattons.

» Du reste, quel est le but que les créanciers hérédi-
» taires se proposent d'atteindre ? Ils veulent se faire
» payer sur les biens de la succession, par préférence
» aux créanciers de l'héritier. C'est donc uniquement les
» intérêts de ces derniers qui sont en jeu ; si eux seuls
» peuvent souffrir de la séparation, il faut donc admet-
» tre qu'ils ont seuls qualité pour contredire à l'action.
» Quant à l'héritier, ses intérêts sont mis de côté ; peu
» lui importe en effet que les créanciers de la succession
» soient payés sur les biens héréditaires avant les siens
» propres ou en concours avec eux, puisque, en cas
» d'insuffisance, il demeure personnellement obligé en-
» vers les uns et les autres, il n'a donc pas qualité ni
» intérêt à défendre à la demande. D'ailleurs, comme
» le fait très-bien remarquer un auteur [1] : « *Il y aurait*
» *quelque chose qui choquerait les notions ordinaires et les*
» *principes de la matière dans une demande en séparation*
» *des patrimoines dirigée contre un individu par ceux qui*

---

[1] Nous nous abstenons de mettre le nom de l'auteur que M. Mage
pouvait nommer, ce qui nous est interdit, puisque nous avons l'honneur
d'appartenir à la Faculté de Paris.

» *le considèrent néanmoins toujours comme obligé envers*
» *eux par une acceptation pure et simple.* »

» Mais, dit-on, si l'héritier est un dissipateur, il
» pourra, immédiatement après le décès, s'emparer des
» biens de la succession, les vendre pour en consommer
» le prix en folles dépenses, et priver ainsi les créan-
» ciers du défunt de leur gage, par la raison qu'aucun
» de ses créanciers personnels ne se sera présenté pour
» intenter l'action contre lui.

» Cette objection n'est pas sérieuse (c'est **M.** *Mage* qui
» parle). En effet, ou bien les créances et les legs sont
» exigibles, ou bien ils sont à terme ou sous condition.
» S'ils sont exigibles, à quoi bon former une demande
» en séparation? les créanciers héréditaires peuvent
» poursuivre directement leur payement sur les biens
» de la succession : ils peuvent les saisir, les vendre,
» et s'en faire attribuer le prix. Si des créanciers de
» l'héritier se présentent à la distribution, alors ils for-
» meront leur demande afin de les écarter.

» Si les créances ou les legs sont à terme ou sous
» condition, il faudra évidemment attendre l'échéance
» du terme ou l'événement de la condition pour en
» exiger le payement; mais il en serait ainsi lors même
» que la séparation des patrimoines serait demandée et
» obtenue; dans l'un comme dans l'autre cas, il faudra
» attendre l'exigibilité de la créance. Si donc aucun
» créancier de l'héritier ne se fait connaître, la position
» des créanciers de l'héritier ne sera pas aggravée; qu'au-
» raient-ils à craindre? La mauvaise administration, les
» détournements, les aliénations de l'héritier? Mais
» quand bien même la séparation serait prononcée contre
» lui, cela ne fera pas disparaître tous les dangers, car

» il n'en resterait pas moins propriétaire des biens de
» la succession et libre d'en disposer.

» Tenons donc pour certain que les créanciers héré-
» ditaires ne peuvent pas demander la séparation des
» patrimoines contre l'héritier, attendu que ce dernier
» n'a ni intérêt ni qualité pour défendre à l'action. »

Nous tenons au contraire pour certain que les créanciers héréditaires peuvent demander la séparation des
patrimoines contre l'héritier, attendu que ce dernier a
intérêt et qualité pour défendre à l'action, et c'est ce
que nous allons tâcher de prouver en réfutant les arguments de nos adversaires que nous suivrons pied à
pied.

On s'appuie sur le texte de 878 pour refuser l'action
contre l'héritier, et l'on prétend que les mots *contre
tout créancier de l'héritier* ne sont que la suite, le com-
plément et, pour mieux dire, la répétition des mots
*dans tous les cas*. Nous ne le pensons pas, car nos
adversaires ont négligé complétement la particule *et*
qui sépare ces deux membres de phrase. Les mots *dans
tous les cas* veulent dire quand ils y ont intérêt, et les
mots *et contre tout créancier* viennent non pas répéter
le membre de phrase, mais ils viennent justement
trancher la difficulté non tranchée définitivement, clai-
rement par les premiers mots, difficulté qui était de
savoir si quelques créanciers de l'héritier ne primeraient
pas les créanciers héréditaires. Ces mots n'ont pas été
mis pour exclure l'héritier, et l'argument que nos adversaires en tirent est simplement un argument *à contrario* qui n'a aucune valeur. Nous restons donc en
présence des mots *dans tous les cas,* et si quelqu'un
peut invoquer le texte, c'est nous à cause de sa géné-

ralité. Il faut donc au moins écarter l'objection tirée du texte de 878.

Après l'objection de texte vient l'objection de droit. On nous dit que le but des créanciers héréditaires est d'être payés avant et par préférence aux créanciers personnels de l'héritier sur les biens de la succession. Nous accordons ce point. L'on nous dit encore que, malgré la séparation, les créanciers gardent tous leurs droits contre l'héritier, nous partageons encore cet avis. L'on en conclut qu'il serait choquant de diriger une demande de séparation contre celui qui reste votre obligé, que cet héritier n'a ni intérêt ni·qualité pour répondre à la demande. Nous avouons que nous ne trouvons rien de choquant là dedans ; cela ne nous choque pas plus que la demande d'une garantie hypothécaire qui se fait tous les jours contre une personne qui reste cependant tenue envers celui qui lui adresse cette demande. Mais laissons cet argument de côté et arrivons au suivant. L'héritier n'a pas intérêt, n'a pas qualité pour défendre à l'action ; mais qui donc plus que lui a intérêt à la manière dont ses créanciers procèdent pour arriver à leur payement ? Un débiteur dont les immeubles sont hypothéqués a bien intérêt à défendre à la vente de ces immeubles, et si bien intérêt que c'est sur lui qu'ils sont vendus, la procédure est dirigée contre lui ; et cependant, avec la doctrine de nos adversaires, il faudrait dire que les autres créanciers de ce débiteur ont seuls intérêt à cela, et que la vente doit alors être poursuivie contre eux et non plus contre lui débiteur. Le législateur n'en a pas jugé ainsi, et avec grande raison.

Nous avons à prouver autre chose, c'est que les créanciers ont intérêt, eux, à obtenir la séparation. Nous pensons que ces créanciers peuvent craindre les dissipations d'un héritier et désirent alors, par la séparation, mettre leur gage à couvert. Nos adversaires trouvent l'argument peu sérieux. Ce sont leurs objections qui méritent ce reproche; examinons-les.

On dit: Si les créanciers ont une créance exigible, qu'ils poursuivent de suite; s'il se présente des créanciers personnels de l'héritier, il sera temps alors de faire la demande. Mais ne voit-on pas que la poursuite commencée contre l'héritier comme débiteur accepté purement et simplement donnerait lieu à l'application de 879 ?

Si les créances sont à terme ou sous condition, il faut attendre le terme ou la condition pour exiger le payement; il en serait de même si la séparation était demandée et obtenue. Voilà ce que disent nos adversaires, ce que nous leur accordons. Mais nous prétendons que ces créanciers ont intérêt à obtenir la séparation qui distinguera les meubles de la succession des meubles de l'héritier, qui avertira les tiers que les immeubles sont affectés au payement des créances du défunt, que ces immeubles ne peuvent être hypothéqués à d'autres créances au préjudice de ces créances du défunt. Cette mesure conservatoire de la demande en séparation n'aidera-t-elle pas, si l'héritier est dissipateur, à faire vendre les meubles et à en déposer le prix jusqu'au jour de l'exigibilité, droit que tout le monde accorde aux créanciers héréditaires dont la créance est soumise à un terme et à une condition?

Nous avons prouvé que le texte est plutôt en notre faveur, qu'en tout cas il ne nous est pas contraire, que l'héritier a intérêt à défendre à la demande, que les créanciers héréditaires ont intérêt à faire la demande; nous maintenons notré opinion, en faveur de laquelle nous allons ajouter encore quelques considérations.

Exiger que les créanciers héréditaires s'adressent aux créanciers de l'héritier n'est-ce pas demander l'impossible? Les connaissent-ils tous, et n'est-il pas plus simple de s'adresser à l'héritier, sauf à ses créanciers à intervenir? N'est-ce point éviter des évolutions et des frais de procédure considérables? Il a même été jugé [1] que si les créanciers de la succession font la demande contre tous les créanciers de l'héritier qui n'est pas inquiété par ses créanciers, il y a là un luxe de procédure qui n'est qu'une source de frais frustratoires. Sans doute, il faut avertir quand on le peut les créanciers de l'héritier, on doit même le faire ; mais, nous le maintenons, la marche la plus simple, la plus logique, la moins coûteuse est de s'adresser à l'héritier en assignant en intervention ceux de ses créanciers qu'on connaîtra. La demande ainsi faite sera une et mieux dirigée [2], et ce sera la plus sûre manière pour les créanciers héréditaires de bien dessiner leur position et d'échapper ainsi aux dangers de l'article 879.

28. Quels seront les droits des créanciers de l'absent? Nous devons distinguer. Tant que dure l'envoi en possession provisoire, la présomption c'est que l'absent vit, il n'y a pas confusion de son patrimoine avec celui des envoyés en possession, qui ne sont qu'administrateurs comptables (125), et d'ailleurs les articles 120 et 126 conservent les droits des créanciers. Si au contraire

[1] Poitiers, 9 août 1828.
[2] Nancy, 4 février 1833.

l'on arrive à l'envoi en possession définitive, oh! alors, les cautions sont déchargées, la confusion s'opère entre les biens de l'absent dont la mort est présumée et les biens des envoyés en possession, et les créanciers de cet absent peuvent demander l'envoi en possession contre ces envoyés en possession et contre leurs créanciers.

Nous pensons aussi que si les héritiers présomptifs de l'absent s'emparaient des biens de cet absent sans faire déclarer son absence, sans se faire envoyer en possession provisoire, mais par une simple possession de fait, les créanciers de cet absent, en vertu de l'article 112, pourraient, s'ils avaient des droits nés et actuels, faire nommer un curateur pour défendre à leurs actions; si leurs droits étaient suspendus par une condition, ils pourraient faire nommer un administrateur. Nous ne voulons pas examiner ici la question de savoir si les créanciers peuvent poursuivre la déclaration d'absence, ce sujet n'appartenant pas à notre matière.

29. Il est bien évident que ce que nous avons dit sur le droit que les créanciers ont de diriger la demande contre les héritiers s'applique de tous points aux légataires universels et à titre universel contre lesquels les créanciers héréditaires dirigeront la demande pour empêcher la confusion du patrimoine du défunt avec leur patrimoine à eux légataires. Les créanciers héréditaires pourront aussi diriger la demande contre les créanciers de ces légataires, qui, s'ils ne sont pas des héritiers, en tiennent au moins la place.

# CHAPITRE TROISIÈME.

## QUELS BIENS PEUVENT ÊTRE L'OBJET DE LA DEMANDE DE SÉPARATION?

30. La séparation est le droit que les créanciers héréditaires ont de faire cesser la confusion et de reconstituer le patrimoine du défunt, afin d'avoir pour gage le patrimoine du défunt tel qu'il était au moment de sa mort. Voilà le principe, nous allons voir les conséquences qui en découlent.

Quels sont donc ces biens qui formaient le patrimoine du défunt? Ce seront les meubles et immeubles tant corporels qu'incorporels dont il était propriétaire au moment de son décès. Nous avons vu dans le chapitre deuxième qu'il est cependant des limites posées à ce droit des créanciers; nous avons vu qu'au bout de trois ans les créanciers ne peuvent plus exercer leurs droits sur les meubles, que même avant ce temps ils ne peuvent plus exercer leurs droits si les meubles sont sortis des mains de l'héritier (2279-880); nous avons vu que la dernière de ces restrictions regardait aussi les immeubles [1]. Il est bien entendu dans ce chapitre que nous ne parlons que des cas où la séparation peut être demandée. Alors elle peut l'être sur tous les biens du défunt.

Avant de discuter certains points, tranchons immédiatement la question relative aux fruits. Débarrassés

---

[1] Nous reviendrons sur ce sujet en traitant 2144.

de cette question qui se présenterait sur tous les points, nous pourrons aborder plus librement les difficultés. Les fruits perçus ou à percevoir depuis la mort du *de cujus*, les intérêts des sommes qu'il avait placées ou que l'héritier a placées doivent-ils être comptés parmi les biens séparés? Nous ne parlons pas des fruits ou intérêts perçus avant le décès, ceux-là sont devenus capitaux par la mort du *de cujus*, aucune difficulté ne s'élève à leur égard. Quant aux revenus perçus depuis la mort du *de cujus*, nous pensons qu'eux aussi doivent être comptés parmi les biens séparés. *Fructus augent hereditatem*, dit un vieil adage romain. Vous reconstituez l'hérédité, elle doit comprendre et le capital et les intérêts.

On ne peut comparer l'héritier à un possesseur de bonne foi pour lui appliquer les articles 138, 549, 550 ; l'héritier n'est pas possesseur de bonne foi, ce n'est pas là son titre, il est héritier. Sans doute ce qui aura été dépensé, ce qui se sera confondu dans les biens de l'héritier ne pourra pas être séparé, mais ce ne sera pas parce que l'héritier aura acquis ces fruits, ces revenus comme possesseur de bonne foi, ce sera parce que la confusion, l'aliénation sont des empêchements à l'exercice de la séparation des patrimoines. Ce qui pourra se distinguer, ce que les créanciers héréditaires, par des mesures conservatoires sur lesquelles nous reviendrons, auront bien distingué, cela rentrera dans la masse des biens partagés et sera attribué aux créanciers qui demandent la séparation [1].

Nous venons de rappeler que l'aliénation est un em-

---

[1] Contra, Grenier, 436, Des hypothèques.—Parlement de Paris, 1694.

pêchement à l'exercice de l'action en séparation, et cela nous amène à examiner plusieurs questions.

Respecterons-nous le dépôt ou le prêt que l'héritier aurait fait d'un bien de la succession [1] ? En aucune façon, car si ces biens ne sont plus *dans les mains* de l'héritier, il en est cependant encore propriétaire, et si le texte de 880 est contre nous, personne ne conteste que son esprit ne laisse aucun doute et que 880 a voulu dire tant que l'héritier est propriétaire.

Respecterons-nous les droits de gage d'hypothèque consentis par l'héritier ? Pas davantage, ces biens reviendront intacts dans la masse séparée. On objecte que, puisque l'héritier peut aliéner, il peut *à fortiori* hypothéquer. Nous répondrons avec les auteurs [2] que, s'il est vrai que l'aliénation a la force d'empêcher l'exercice du droit de séparation, le législateur n'a pas accordé cette faveur au gage, à l'hypothèque ; l'argument de nos adversaires est faux en ce qu'il ne porte pas sur la difficulté.

Nous ne considérerons donc comme ne faisant pas partie du patrimoine reconstitué que les biens aliénés. Mais si ces biens aliénés sont représentés par un prix en argent si l'aliénation a été une vente, en autres biens si l'aliénation a été un échange ; si ce prix, quel qu'il soit, peut se distinguer des biens de l'héritier, soit parce que naturellement il n'y a pas eu confusion, soit parce qu'il n'est pas encore payé, que dirons-nous ? Verrons-nous dans ce prix le bien du défunt représenté ? ou bien, nous attachant judaïquement au texte de 880, dirons-nous : Il y a eu aliénation, il ne peut

---

[1] Domat, *Lois civiles*, loc. cit., 6.
[2] Domat. — Toullier, t. IV, 542. — L. 1, § 3, h. t. ff.

plus y avoir de séparation en ce qui touche ce bien ?
Nous sommes disposé à admettre l'ancienne maxime :
*In judiciis universalibus pretium succedit in locum rei et
res in locum pretii* [1]. Et ici encore, si nous semblons
violer le texte de 880, nous sommes persuadé que
nous en respectons l'esprit. Que veulent les créanciers
héréditaires en demandant la séparation des patrimoines? arriver à la vente pour obtenir sur le prix le
payement de leurs créances. Le résultat auquel ils ten-
daient est atteint d'avance, pourquoi en ferait-on une
arme contre eux ?

Notre ancienne jurisprudence était formelle à cet
égard, tous les auteurs modernes l'ont adoptée [2]. La
jurisprudence de la Cour de cassation ne laisse aucun
doute ; elle consacre l'ancienne jurisprudence dans des
arrêts rendus dans des espèces où il s'agissait de successions ouvertes avant le Code civil [3] ; elle consacre la
doctrine actuelle dans des arrêts rendus depuis la promulgation du Code et s'appliquant à des espèces où la
succession est ouverte depuis le Code [4]. Il est bien évident que nous supposons toujours que le prix est distinct en fait des biens de l'héritier, qu'il n'y a pas eu
confusion. Car si la confusion existait, il est évident
qu'on ne pourrait plus demander la séparation ; mais
l'empêchement viendrait alors de la confusion et non
de la circonstance que la chose qu'on demande à sépa-

[1] Voët, ad tit. *De separat.*, n° 4. — Faber. — Lebrun. — Cass., 22
juin 1828. — 22 juin 1841.

[2] Merlin, *Répertoire*, hoc verbo, § 3, p. 470. — Grenier, *Successions*,
p. 287. — Chabot, art. 880, n°s 5, 6. — Toullier, n° 541. — Troplong,
n° 236.

[3] 22 janvier 1806. — 8 septembre 1806. — 17 octobre 1809.

[4] 26 juin 1828. — 22 juin 1841. — 16 juillet 1828.

rer n'est pas le bien ayant appartenu au défunt, mais seulement le prix de ce bien. Quant aux moyens d'empêcher cette confusion, nous n'avons pas à les traiter maintenant, ce sera le sujet du chapitre suivant. Répétons seulement ce que nous avons dit plus haut, c'est que, le prix étant encore dû, la déchéance triennale ne frappera pas l'action en séparation, et cela parce que cette action n'est pas un meuble corporel, et qu'à ces seuls meubles s'applique la prescription triennale (n° 24).

Ce sera donc une question de fait de voir si le prix des biens est encore distinct des biens des héritiers. Du reste cette substitution du prix à la chose aliénée n'est point une idée nouvelle dans notre droit [1]. L'article 747 nous donne un exemple frappant de ce que nous disons. Et remarquons que dans ce droit de succession anomale accordé à l'ascendant donateur, l'idée principale, c'est de faire que l'ascendant revienne en possession de ce bien, peut-être patrimonial, qu'il a donné à son descendant. Et cependant on admet la substitution du prix au bien aliéné. Comment le refuserait-on ici, où le but n'est pas de donner en nature les biens de la succession aux créanciers héréditaires, mais simplement de leur faire avoir justement le prix de ces biens pour être payés de leur créance?

Nous n'avons, dans tout ce que nous venons de dire, violé en rien l'aliénation, mais nous l'avons toujours supposée de bonne foi [2]; car si elle était de mauvaise foi ou à titre gratuit, les créanciers héréditaires auraient

[1] Marcadé, 880. — Delvincourt, II, n° 177. — Poitiers, 28 janvier 1823. — Grenoble, 7 février 1827.
[2] L. 2, h. t. ff.

alors des droits sur lesquels nous nous expliquerons au chapitre VIe.

Nous avons déjà indiqué dans les derniers mots du chapitre Ier quelle était la solution à donner en ce qui touche l'immeuble vendu à réméré. A-t-il été vendu par le défunt, les créanciers héréditaires ont droit au prix s'il n'est pas encore payé, ils ont droit d'exercer le réméré si le prix n'est pas payé, ou, s'il est payé, en rendant le prix. Ce droit, ils le trouvent dans la succession du défunt. Si c'est l'héritier qui a vendu, les conclusions seront les mêmes ; cela résulte évidemment de ce que nous venons de dire.

31. On comprendra dans les biens du défunt les créances que le défunt avait contre l'héritier, et ce dernier ne pourra pas invoquer la confusion légale, puisque la séparation des patrimoines a justement pour effet de faire cesser cette confusion. L'argumentation de l'héritier ne serait qu'une pétition de principe.

La conséquence de ce que nous venons de dire, c'est que si le défunt avait vendu à réméré un immeuble à l'héritier, les créanciers héréditaires auraient contre l'héritier les mêmes droits qu'ils auraient contre tout autre acheteur à réméré. L'héritier ici encore ne pourrait se défendre qu'en invoquant la confusion légale, et c'est ce qu'il ne peut pas faire. Si la vente était une vente pure et simple, les créanciers héréditaires n'auraient droit qu'au prix s'il n'était pas payé.

32. Il était généralement admis dans l'ancien droit que les créanciers héréditaires pouvaient bénéficier des biens rapportés par les héritiers, la conséquence en était que les créanciers héréditaires qui demandaient la séparation des patrimoines pouvaient faire compren-

dre dans le patrimoine du défunt les biens que les héritiers donataires sont tenus de rapporter ; parce que, disait-on, ces biens donnés retombant dans la succession rentraient dans le patrimoine du défunt comme s'ils n'en étaient jamais sortis [1]. Telle était l'opinion des auteurs coutumiers. Quelques-uns cependant faisaient une distinction. Si la dette était antérieure à la donation, ils accordaient au créancier le droit de séparation sur l'immeuble rapporté, parce que, disaient ces jurisconsultes, le créancier a compté sur cet immeuble pour le payement de sa créance. Si la donation est antérieure à la dette, ils ne donnaient pas au créancier le droit de se faire payer sur l'immeuble rapporté, parce que ce créancier n'a pas pu compter sur cet immeuble pour le payement de sa créance. *Pothier* [2] et *Lebrun* [3] ne font aucune distinction, et, contrairement à la jurisprudence, ils refusent aux créanciers du défunt tout droit sur les biens rapportés, par la raison que le rapport n'a pour objet que l'égalité entre les enfants, et ne produit ses effets qu'à l'égard des héritiers entre eux. Les créanciers de la succession ne peuvent se prévaloir d'une fiction qui n'a pas été faite pour eux. Ces principes, qui sont les seuls vrais, ont été adoptés par le Code civil (857), et nous ne connaissons qu'un seul auteur [4] qui ait accordé aux créanciers héréditaires le droit de faire rapporter pour les séparer les biens donnés aux héritiers. La discussion serait inutile, nous ne la ferons donc pas [5].

[1] Voir Merlin , *Rép.*, Séparation.

[2] Tome x, tit. xvii, n° 128.

[3] Liv. IV, chap. ii, sect. i, n° 28.

[4] Delaporte , *Pandectes françaises*, iii , p. 438.

[5] Chabot, 878, n° 11. — Delvincourt, t. ii, p. 382, n° 4.

Nous donnerons évidemment la même solution pour les biens que les héritiers font rentrer dans la succession par l'action en réduction.

Que dirions-nous des donations que le Code a réglées dans les articles 1082, 1083? L'embarras ici est plus grand. Si ce sont des donations, on ne peut guère, en vertu des principes que nous venons de dire, permettre aux créanciers héréditaires de les comprendre dans les biens séparés. D'un autre côté, on ne saurait les considérer comme des legs. Cependant, comme ces donations ne sont irrévocables qu'au point de vue de dispositions gratuites postérieures, qu'il a toujours été entendu que les créanciers du défunt passeraient avant le donataire, nous n'hésitons pas à décider que les créanciers héréditaires auront le droit d'en demander la séparation.

Mais les partages d'ascendants que le Code règle dans les articles 1075 et 1076 ne peuvent embrasser que des biens présents; il y a là une véritable donation que les créanciers héréditaires ne pourront pas attaquer [1], à moins qu'elle n'ait été faite en fraude de leurs droits.

[1] Toullier, v, n° 846.

# CHAPITRE QUATRIÈME.

DANS QUELLES FORMES ET DANS QUELS DÉLAIS LA DEMANDE
DOIT ÊTRE FORMÉE, ET QUELLES MESURES SONT A PRENDRE
POUR LA CONSERVATION DU DROIT DE SÉPARATION.

33. Nous avons cru que, pour l'intelligence de ce chapitre, il y avait nécessité d'établir une division qui suivît les diverses questions qu'il embrasse. Nous diviserons donc notre chapitre en deux sections :

L'une comprendra la forme et les délais dans lesquels doit être intentée la demande;

L'autre comprendra les mesures conservatoires.

## Section Iʳᵉ.

*De la forme de la demande et des délais dans lesquels le droit doit être exercé.*

34. Dans le droit romain, nous avons vu que la forme dans laquelle la demande pouvait être intentée était une requête au préteur [1]; que le délai pendant lequel cette demande pouvait être intentée était un délai de cinq ans, qui commençait à courir du jour de l'adition, soit que cette adition fût fictive, soit qu'elle dût être réelle dans le cas où l'héritier était un *extraneus* [2].

Dans notre ancien droit, le décret du préteur fut remplacé par les lettres de chancellerie, lettres qui s'accordaient toujours; l'action était alors intentée, soit par

[1] L. 1, § 1, h. t. ff.
[2] L. 1, § 13, h. t. ff.

voie de demande, soit par voie d'exception. Mais le délai dans lequel on pouvait former la demande n'était plus le même, au moins dans les provinces non régies par le droit romain. Dans les pays de coutumes, la maxime *le mort saisit le vif* faisait courir le délai du jour de l'ouverture de la succession. Quant à sa durée, elle était de trente ans. *Pothier* nous l'atteste; cependant quelques coutumes avaient adopté le délai fixé par le droit romain.

Nous allons examiner quelles sont les modifications que le législateur moderne a apportées à ces règles.

35. En ce qui touche les délais, nous n'avons rien innové sur l'ancien droit eu égard aux immeubles. L'article 880 dit que l'action pourra être intentée tant qu'ils sont dans les mains de l'héritier. L'action se prescrira donc par trente ans, qui commenceront à courir du jour de l'ouverture de la succession, puisque nous avons suivi la règle coutumière : *le mort saisit le vif* (724).

On a objecté que la considération de la personne de l'héritier entrant pour beaucoup dans la détermination que prennent les créanciers de demander la séparation, il valait mieux ne faire courir le délai que du jour de l'acceptation. Nous répondrons qu'il y aurait à cela un inconvénient très-grave à ne faire courir ce délai que du jour d'une acceptation qui n'est elle-même soumise à aucun délai. Et d'ailleurs on ne peut leur refuser d'intenter l'action du jour de l'ouverture de la succession, et il est de principe qu'une action se prescrit à partir du jour où elle peut être intentée. D'ailleurs l'acceptation de l'héritier remonte au jour de l'ouverture de la succession (777). Aucun article ne défend, leur .

intérêt commande aux créanciers d'agir promptement; puisqu'ils peuvent agir, leur action doit se prescrire s'ils n'agissent pas [1].

L'on ne peut objecter non plus le délai pendant lequel les héritiers qui n'ont pas encore pris parti ne peuvent être condamnés personnellement. Ce n'est là qu'une exception dilatoire, qui n'empêche aucune demande, qui ne fait que la suspendre, et qui n'a d'ailleurs nullement trait aux mesures conservatoires, et la demande en séparation est une mesure des plus conservatoires.

Tenons donc pour certain que le point de départ de la prescription est le jour de l'ouverture de la succession [2].

36. En ce qui touche le mobilier, le délai court depuis l'ouverture de la succession également; mais la durée de ce délai est une innovation. Au lieu d'un délai égal pour les meubles et les immeubles, le Code a établi que le délai pour exercer l'action contre les meubles se réduirait à trois ans. On a pensé qu'au bout de ce temps la confusion devait exister; cette idée de confusion probable rend inapplicable ce délai de 880 aux meubles incorporels que régit, ainsi que nous l'avons établi plus haut, l'alinéa 2° de 880. Ce délai de trois ans est, du reste, en harmonie parfaite avec le délai que 2279 accorde au revendiquant en matière mobilière; il est conforme au délai que les créanciers ont pour intenter l'action contre les légataires d'une succession qui ont touché leurs legs avant le payement intégral des dettes (809). L'utilité qu'il y avait à limiter

[1] Chabot, 880, n° 3.
[2] C. de cass., 9 avril 1840.

le délai en matière de meubles corporels est trop évidente pour qu'il soit nécessaire d'y insister.

37. Nous arrivons à la forme de la demande. La séparation ayant lieu de plein droit, c'est le plus souvent par voie d'exception qu'elle est introduite, comme moyen à l'appui de l'action directe que le créancier héréditaire exerce contre un bien de la succession, et pour repousser les prétentions des créanciers de l'héritier qui veulent se faire colloquer sur le bien poursuivi. Cependant, quoique en fait la séparation se présente presque toujours sous forme d'exception, elle peut être faite principalement, et 880, par ses termes mêmes, le fait supposer. Elle se produira nécessairement par voie principale dans le cas où la créance est à terme ou conditionnelle; la non-exigibilité empêche de poursuivre le payement, et cependant le créancier craint de voir le mobilier confondu, dissipé même; il craint la prescription triennale pour le mobilier, il intentera alors la demande. Il présentera requête au président, afin de faire faire un inventaire et de prendre les mesures conservatoires que nous indiquerons tout à l'heure, et il ajoutera que son intention est de demander que tels et tels biens formant le patrimoine du défunt soient considérés comme séparés du patrimoine de l'héritier pour le prix être affecté spécialement au payement de sa créance. Le président autorisera la saisie-revendication, et alors, selon les cas, il y aura lieu à la vente immédiate, sauf à placer le prix à la caisse des consignations; ou bien, si les choses saisies sont des choses dues en nature, on pourra en donner la garde à un tiers, ou les laisser dans les mains de l'héritier s'il donne une bonne et solvable caution (807). L'on com-

prend en effet que l'action en séparation cessant par la confusion, par l'aliénation des biens par l'héritier, il est nécessaire d'autoriser les créanciers à agir avant l'exigibilité; ce serait leur refuser la séparation d'une manière indirecte que ne leur permettre l'exercice de l'action qu'à l'exigibilité. Ce ne sera même que dans le cas de dettes non exigibles que les créanciers auront intérêt à exercer l'action; autrement il est plus simple, quand la dette est exigible, d'exécuter sur les biens de la succession, quitte à opposer la séparation aux créanciers de l'héritier qui interviendraient.

## Section II.

*Mesures à prendre pour la conservation du droit de séparation des patrimoines.*

38. Nous diviserons cette section en deux paragraphes : le premier aura pour objet les mesures conservatoires relatives au mobilier, le second celles relatives aux immeubles.

### § 1er.

#### Des mesures conservatoires qui concernent le mobilier.

39. Nous avons déjà forcément, dans le cours de ce travail, indiqué quelques-unes de ces mesures conservatoires. Le but auquel on tend, c'est d'empêcher l'héritier de vendre les meubles de la succession, de les confondre avec les siens, ce qui rendrait illusoire le droit des créanciers. Pour arriver à ce but, les créanciers feront apposer les scellés (909, C. p. c.); puis, à mesure qu'on les lèvera, on fera un inventaire des

objets (930, 941, C. p. c.). Si la créance est exigible, on vendra les objets (946, C. p. c.), soit de suite, si l'héritier a pris qualité, soit à l'expiration du délai qui lui est accordé pour délibérer, s'il réclame ce délai. Si la dette n'est pas exigible, le créancier pourra, ainsi que nous l'avons dit déjà, exiger une caution (807, C. c.), sinon faire vendre de suite et déposer le prix.

Des jurisconsultes[1] à l'opinion desquels la plus grave attention est due ont prétendu que l'inventaire empêchait les créanciers de l'héritier de pouvoir opposer aux créanciers héréditaires la confusion; que si la confusion matérielle a eu lieu malgré l'inventaire, le fait d'avoir fait faire inventaire donnait aux créanciers héréditaires le droit de se faire rembourser le prix de ces objets. Ces jurisconsultes nous semblent être tombés dans une grande erreur; car jamais un inventaire n'a été un acte équipollant à vente, et quand bien même il y aurait là une vente, cela ne donnerait pas aux créanciers héréditaires un droit de préférence pour obtenir le prix, puisqu'ils ne pourraient même demander le prix d'une chose vendue qu'autant que ce prix n'est pas confondu dans les biens de l'héritier. Les raisons que ces jurisconsultes donnent ne nous semblent pas convaincantes; ils parlent d'équité. C'est un argument que l'on invoque quand on n'en a pas d'autres, et d'ailleurs même en équité il nous semble qu'il est injuste de faire que les créanciers héréditaires priment les créanciers de l'héritier sur les meubles de l'héritier, parce qu'il y a eu un inventaire. Les créanciers héréditaires n'avaient, si la confusion était à craindre, si l'aliénation était à

---

[1] Chabot, *Successions*, p. 646.

craindre, qu'à user des moyens que nous venons de dire; l'inventaire n'a qu'un but, faciliter la reconnaissance des objets ayant appartenu au défunt; il n'empêche pas la confusion et ses effets [1]. Et, quand il n'y a pas d'inventaire, on n'a qu'un désavantage de plus : c'est de rester sans guide dans la recherche des objets ayant appartenu au défunt.

Si l'on a saisi en même temps les meubles du défunt et ceux de l'héritier, les créanciers héréditaires pourront intervenir pour faire séparer les meubles du défunt. La saisie sera bonne et continuera d'avoir ses effets, seulement le prix en sera attribué aux créanciers héréditaires.

S'il se trouve des créanciers dans la succession, les créanciers héréditaires formeront saisie-arrêt dans les mains des débiteurs, et, par la demande en validité de saisie, ils concluront au payement si leur créance est exigible, au dépôt si leur créance est à terme ou conditionnelle, si l'héritier ne fournit pas la caution que 807 donne aux créanciers le droit d'exiger.

Une simple notification au débiteur suffirait-elle pour empêcher le débiteur de la succession de payer à l'héritier? Nous ne le pensons pas; car comment savoir si elle est faite à juste titre? La saisie seule nous paraît présenter des garanties suffisantes par l'assignation en validité de saisie exigée à peine de nullité de la saisie; on vérifiera dans l'instance en validité de saisie la valeur du titre du créancier. Comment arriver à ce résultat avec une simple notification?

[1] C. de cass., 8 novembre 1845.

## § 2ᵉ.

**Des mesures conservatoires qui concernent les immeubles.**

**40.** Nous sommes arrivé à parler de l'article 2111, article principal de notre matière par les difficultés qu'il présente. Nous traiterons dans ce paragraphe de l'article 2111 considéré comme mesure conservatoire, laissant au chapitre suivant l'étude de l'article 2111 au point de vue des changements qu'il a apportés dans le fond du droit posé en principe dans l'article 878.

**41.** La loi a voulu que la séparation des patrimoines fût aussi publique que possible, afin que les tiers fussent avertis que si l'héritier avait acquis de nouveaux biens, cette acquisition était soumise à des conditions particulières. Notre ancienne jurisprudence n'avait pris aucune mesure pour avertir les tiers, et c'était là une grande lacune; la loi du 11 brumaire an VII, dans son article 14, avait simplement maintenu le droit de demander la séparation telle que l'avait établie la législation antérieure. C'est donc dans le Code civil qu'apparaît cette mesure de l'article 2111, que nous allons examiner ici comme acte conservatoire.

Comment se conformera-t-on à la prescription de 2111 ? Par une inscription qui sera prise au bureau de la conservation des hypothèques de la localité où se trouve situé l'immeuble. L'inscription sera prise contre l'héritier, ses créanciers, les légataires du défunt, ainsi que nous l'avons établi au chapitre IIᵉ. Elle doit énoncer la date du décès et généralement elle contiendra le but que les créanciers se proposent en faisant cette inscription. Il est bien évident que si l'on doit remplir pour cette inscription toutes les formalités de l'article 2148, cela n'est une obligation qu'autant qu'il est possible de le faire. Ainsi l'article 2148 exige que l'inscrivant représente au conservateur l'original du brevet ou l'expédition d'un titre authentique. Cela ne sera pas toujours possible pour l'inscription exigée par l'article 2111, puisque nous avons démontré que les créanciers simplement chirographaires du défunt avaient droit d'invoquer la séparation des patrimoines. Les créanciers chirographaires pourront donc prendre leur inscription sur la simple présentation de leur titre sous seing privé. Nous en dirons autant du légataire dont le titre n'est pas authentique.

Que décider pour le fournisseur ou tout autre créancier qui serait dépourvu d'un titre régulier? Deux marches différentes peuvent être suivies dans ce cas. Ou bien le créancier assignera l'héritier à bref délai, afin d'obtenir, même pendant les délais pour faire inventaire et délibérer, un jugement qui l'autorise à s'inscrire, sauf à l'héritier à contredire plus tard la créance. Ou bien le créancier obtiendra du président la permission de prendre cette inscription.

La première marche a semblé vicieuse [1], parce que l'héritier, pendant les délais, n'a pas qualité pour répondre à l'action. Cependant, comme son acceptation remonte au jour de l'ouverture de la succession, comme la loi suppose toujours l'acceptation, que l'héritier a un grand intérêt à savoir ce qui compose la succession, quelles sont les voies que les créanciers héréditaires prendront pour arriver à leur payement, il nous semble

[1] Dufresne, page 78.

que cette manière de procéder pourrait être suivie. La jurisprudence a peu statué sur ce point, car, si cette marche est régulière, elle est moins usitée cependant que celle dont nous allons parler.

En effet, la requête au président est un moyen plus prompt, plus simple et généralement plus usité. La jurisprudence l'admet, sauf quelques rares exceptions qui tendent chaque jour à diminuer. L'article 558 du Code de procédure civile n'exige qu'une ordonnance du président pour faire saisir-arrêter une créance par un créancier qui n'a qu'un titre sous seing privé. L'article 909 du même Code se contente également d'une ordonnance pour que le créancier qui n'a pas de titre exécutoire puisse faire apposer les scellés. Or la saisie-arrêt, l'apposition des scellés sont, nous l'avons vu plus haut, les moyens les plus sûrs d'opérer, quant aux meubles, la séparation des patrimoines. Nous avons vu aussi que c'est la marche à suivre, quand le créancier est contraint d'agir afin de ne point encourir, à l'égard du mobilier, la déchéance de 880, si sa créance est une créance à terme ou conditionnelle.

On s'est demandé s'il fallait que l'inscription fût spéciale sur *chacun* des immeubles ou s'il suffisait d'une inscription pour tous les immeubles ? La question est, pour nous, résolue aussitôt que posée ; mais puisqu'elle a été soutenue dans un sens opposé au nôtre, nous croyons devoir l'indiquer dans notre travail. La Cour de Nîmes [1] a jugé qu'une inscription générale suffisait, et voici sur quels motifs : l'article 2129 est le seul article qui exige la spécialité de l'inscription ; d'ailleurs

[1] 19 février 1829.

il faut distinguer entre le privilége qui porte sur un immeuble spécial et le privilége qui porte sur une universalité d'immeubles; car, dans ce dernier cas, il est permis au détenteur du droit d'ignorer tous les immeubles sur lesquels il peut exercer son droit. La réponse nous semble peu difficile. L'article 2129 n'est pas le seul qui ait exigé la spécialité de l'inscription, l'article 2111 l'exige lui-même. Le créancier, dit-on, peut ignorer quels sont les immeubles sur lesquels il peut exercer son droit. En fait, cela est peu probable, et d'ailleurs depuis quand est-ce au défendeur à indiquer au demandeur l'objet de sa demande? Et puis que signifie une inscription générale? où la faire? à quoi servira-t-elle? qui avertira-t-elle? N'est-ce pas le renversement complet de la théorie du Code sur la spécialité de l'inscription? Nous pensons qu'il est inutile d'insister davantage.

L'inscription, si elle est spéciale quant aux immeubles sur lesquels elle porte, peut être collective quant aux personnes qui la requièrent. Nous entendons par là que plusieurs créanciers héréditaires peuvent faire inscrire ensemble. En effet, puisque entre tous les créanciers héréditaires il n'y a pas de distinctions à établir, peu importe qu'ils agissent de concert; de même que nous avons vu qu'ils peuvent former la demande collectivement, ils peuvent prendre l'inscription collectivement. Nous raisonnons là en absence de toute disposition du Code; mais la jurisprudence, qui a dû suppléer à ce laconisme déplorable, est conforme de tous points à la doctrine que nous venons de soutenir.

42. Nous avons vu dans quelle forme l'inscription

2111 devait être faite ; voyons maintenant quand elle doit être faite.

On s'est demandé si, avant l'expiration des six mois fixés par l'article 2111, l'héritier avait vendu un immeuble de la succession, et que l'acquéreur eût fait transcrire son contrat, et fait courir ainsi, avant l'expiration de ce même délai, celui de quinzaine accordé par l'article 834 du Code de procédure, les créanciers du défunt pourront-ils inscrire le droit de demander la séparation des patrimoines, après le dernier délai expiré, et tant que durera le premier?

Cette question a divisé les auteurs ; la résoudre, c'est trancher la question capitale du droit que confère l'article 2111. Trois systèmes sont en présence.

L'un d'eux[1], se fondant sur l'article 880, refuse complétement aux créanciers héréditaires le droit de s'inscrire sur l'immeuble vendu. Dans ce système, l'on soutient que l'article 834 C. p. c. ne s'applique en aucun point à notre matière. Selon lui, l'article 834 n'est qu'un appel fait aux créanciers dont les droits subsistent encore, et, dans le cas spécial de la séparation des patrimoines, le droit n'existe plus, puisque l'immeuble est sorti des mains de l'héritier (880 C. c.). Partant de cette idée, l'auteur de ce système dit qu'il n'y a pas lieu de faire l'inscription pour le prix qui ne serait pas encore partagé ; qu'il faudrait, dans ce cas, faire simplement une saisie-arrêt dans les mains du tiers acheteur, afin que le prix qui, nous l'avons vu dans le chapitre IIIe, tient la place de l'immeuble puisse être attribué par préférence aux créanciers héréditaires. Quelques partisans

---

[1] Celui de M. Troplong, art. 2111, n° 327.

de ce système ont même voulu que la saisie-arrêt fût faite dans les trois ans, puisque, disent-ils, elle porte sur des meubles. Nous avons déjà dit que cette dernière opinion ne saurait être admise, car, tant que le prix n'a pas été payé, il constitue une créance qui ne tombe pas sous la courte prescription de l'article 880.

Un autre système[1] admet que les créanciers peuvent prendre inscription dans la quinzaine de la transcription de l'acte d'aliénation. Cependant il admet que si, au bout de ce temps, le prix n'est pas encore payé, on pourra encore prendre l'inscription de l'article 2111.

Enfin un dernier système[2] veut que l'on prenne l'inscription pendant le délai de quinzaine de l'article 834 C. p. c.; que ce délai passé, et le prix n'étant pas payé, on ne puisse plus prendre l'inscription, mais seulement former saisie-arrêt sur le prix. Ce système nous paraît le plus conforme aux vrais principes. Nous répondrons d'abord aux partisans du second système que nous ne comprenons pas l'utilité de l'inscription une fois le délai de quinzaine, date de la transcription, passé. En effet, il n'y a plus à craindre l'inscription de créanciers hypothécaires du vendeur. L'inscription de l'article 2111 ne serait donc prise que pour primer les créanciers hypothécaires de cet héritier vendeur qui auraient pris inscription pendant que l'immeuble était encore dans les mains de l'héritier ou pendant la quinzaine de l'article 834 C. p. c. Mais nous pensons que le privilége de l'article 2111 est, comme tous les priviléges, soumis aux conditions imposées par l'article 834 C. p. c.; que, si les créanciers héréditaires qui se sont inscrits dans

<hr>

1 Delvincourt, art. 2111, tome III.
2 Grenier, *Donations*, n° 342.

les six mois priment tous les créanciers hypothécaires de l'héritier, ce n'est qu'à condition qu'ils auront pu s'inscrire dans ces six mois, et la condition pour qu'ils puissent s'inscrire dans les six mois, c'est la condition de l'article 880, c'est-à-dire que l'immeuble soit encore dans les mains de l'héritier. L'art. 834 C. p. c., réformant le Code civil dans l'intérêt des créanciers du vendeur lésés par une vente, créanciers qui, au terme du Code civil, ne pouvaient prendre inscription que tant que l'immeuble appartenait à leur débiteur [1], a prolongé le délai pendant lequel on pouvait inscrire les priviléges, les hypothèques. Cet article 834 a réformé conséquemment l'article 880 en augmentant le délai, comme il a réformé l'article 1047. Pour nous résumer, l'art. 834, qui déroge à l'art. 880, permet d'exercer le droit de séparation alors que l'immeuble n'est plus dans les mains de l'héritier, mais il ne le permet qu'autant que quinze jours ne se sont pas passés depuis la transcription. Ces quinze jours passés, l'immeuble n'existe plus pour les créanciers héréditaires, il n'y a plus qu'une créance qui a pris sa source dans l'hérédité; or les mesures conservatoires en ce qui touche les créanciers, ce ne sont pas les mesures conservatoires que l'on emploie à l'égard des immeubles. Nous disons donc que le délai de l'article 834 passé, la seule manière d'user à l'égard du prix non payé du bénéfice de la séparation ce sera la saisie-arrêt, et non plus l'inscription, qui n'a plus aucune utilité.

Il nous reste à réfuter le premier système, qui nie complétement que l'article 834 C. p. c. puisse s'appli-

----

[1] Persil, *Rég. hyp.*, art. 2182.

quer ici. Les partisans de ce système pensent que l'article 880 n'a pas été abrogé en partie par l'article 834, et que, l'immeuble une fois sorti des mains de l'héritier, il n'y a plus pour les créanciers héréditaires qu'une seule ressource, la saisie-arrêt sur le prix non encore payé. On le voit, ce système, très-logique du reste, part du principe que le droit de séparation est resté ce que l'avait fait l'article 878 ; il ne trouve pas dans l'article 2111 un changement radical apporté à la nature du droit de séparation. Pour nous, qui avons l'opinion contraire, il est évident que l'inscription peut non-seulement être prise pendant que l'immeuble est encore dans les mains de l'héritier, mais encore pendant la quinzaine de l'article 834 C. p. c. Mais ce n'est point ici la place de discuter ce principe ; nous tâcherons de le démontrer dans le chapitre suivant, et alors la conséquence nécessaire de notre démonstration sera le renversement du système que nous venons d'exposer.

Il est une autre question qui s'est élevée sur le délai dont parle l'article 2111. Nous la dégagerons de toute idée de vente faite par l'héritier, et nous nous demanderons si, les biens étant restés entre les mains de l'héritier, l'inscription de l'article 2111 ayant été faite dans les six mois, il faut que la demande de séparation soit également faite dans les six mois.

Les auteurs[1] qui les premiers ont examiné cette question l'ont résolue affirmativement, d'autres[2] les ont suivis dans cette doctrine. Mais leur opinion a été énergi-

---

[1] Merlin, *Rép.* h. v., § 3, nº 6, p. 474. — Grenier, *Hypothèques,* nº 422.

[2] Chabot. — Toullier.

quement combattue et par des auteurs[1] et par la jurisprudence.

Les partisans de l'affirmative basent tout leur système sur les mots *qui demandent la séparation*. Ces mots suffisent, à leurs yeux, pour que l'on doive considérer que l'article 2111 déroge à l'article 880, et ils en concluent qu'une fois les six mois de l'article 2111 expirés on ne peut plus demander la séparation. Et *M. Merlin* fait même remarquer que les mots *qui demandent la séparation* ne se trouvaient pas dans la première rédaction de l'article 2111, et qu'ils y ont été ajoutés sous forme d'amendement; et cela, dit-il, n'a pu avoir pour objet que de limiter l'exercice de l'action et de la renfermer dans ce délai.

C'est ce système que nous combattons. L'article 2111 a voulu non pas limiter la durée de l'action; il a voulu que les créanciers héréditaires ne pussent opposer leurs droits aux créanciers hypothécaires de l'héritier qu'autant qu'ils auraient inscrit leur privilége, et c'est là la seule dérogation que l'article ait eue en vue en ce qui touche ce point, et cela dans un intérêt de publicité. Le législateur a attaché à la non-prise de l'inscription une déchéance vis-à-vis des créanciers hypothécaires induits en erreur par le silence des créanciers héréditaires; mais il n'a pas fait plus, il n'a pas limité la durée de l'action, il a seulement limité les effets de l'action; et les mots *qui demandent la séparation* sont synonymes de *qui veulent user de la séparation*. Si l'on a ajouté ces mots, c'est qu'il y avait beaucoup d'articles entre les articles qui s'occupent de la séparation et l'article 2111, et que

---

[1] Troplong. — Tarrible. — Dalloz.

le législateur a voulu préciser les créanciers dont il par-
lait. Il faudrait une disposition bien plus expresse pour
créer une antinomie pareille. L'article 2111 ne met la
condition de l'inscription dans les six mois que pour la
conservation du privilége, non pas pour la conservation
de l'action en elle-même. D'ailleurs c'est ainsi que l'en-
tendait *Tarrible*, qui a tant contribué à la rédaction de
nos lois. Nous ne voulons pas entrer dans les difficultés
auxquelles nous conduirait l'opinion de *M. Merlin*, mais
cependant nous indiquerons la singulière situation où
se trouverait le créancier conditionnel. Dans notre système, il inscrira son privilége et attendra l'événement
de la condition pour exercer son action. Dans l'autre
système, il devra exercer son action immédiatement,
et pour arriver à quoi? A des frais nombreux et sans
utilité. La demande de séparation n'est qu'un accident
de la poursuite, de l'exécution des obligations; il vaut
mieux attendre, puisque cela est possible, qu'on puisse
exécuter, pour séparer les patrimoines. Mais, tout point
de vue pratique à part, nous pensons que l'opinion de
*M. Merlin* se soutient mal en présence des arguments
théoriques de ses adversaires, arguments bien résumés
dans un arrêt[1] que nous transcrivons en partie : « *On*
» *ne peut trouver une dérogation à la disposition positive*
» *d'une loi que dans le cas où une nouvelle disposition*
» *législative prononcerait cette dérogation, ou dans le cas*
» *où, chacune d'elles se trouvant être inconciliable, leur*
» *exécution simultanée devient impossible; que ces carac-*
» *tères distinctifs de la dérogation ne peuvent s'induire ni*
» *des termes ni de l'esprit qui a dicté l'article 2111 du*

[1] Nîmes, 19 février 1829.

» *Code civil, dont aucune des dispositions n'a évidem-*
» *ment pour objet de soumettre le créancier du défunt à*
» *former dans les six mois de l'ouverture de la succes-*
» *sion sa demande en séparation des patrimoïnes, sous*
» *peine de déchéance; tandis que l'article 880 du même*
» *Code l'autorise à la former, relativement aux immeu-*
» *bles, tant qu'ils existent dans les mains de l'héritier;*
» *qu'en ajoutant, dans l'article 2111, aux mots* les créan-
» ciers et légataires *ceux-ci :* qui demandent la sépa-
» ration du patrimoine du défunt, *conformément à l'ar-*
» *ticle 878, le législateur n'a entendu faire qu'une sim-*
» *ple énonciation, dans le seul objet d'indiquer le rapport*
» *qu'ont entre eux ces deux articles; que ces deux mots :*
» les créanciers qui demandent, *doivent être considérés*
» *comme synonymes de ceux-ci :* qui ont droit de de-
» mander, *et ne peuvent constituer une disposition légis-*
» *lative qui doit toujours être conçue en termes impéra-*
» *tifs, injonctifs ou prohibitifs; que ce qui prouve encore*
» *mieux que cette addition a été faite dans une tout au-*
» *tre intention que celle de fixer un délai différent de celui*
» *prescrit par l'article 880, c'est que l'article 2111 ne*
» *se réfère nullement à l'article 880, dont il ne parle pas,*
» *mais à l'article 878, qui se borne à énoncer les droits*
» *des créanciers du défunt, sans en exprimer la consé-*
» *quence et la durée*[1]. »

Nous avons indiqué incidemment dans la discussion précédente que les créanciers héréditaires dont la créance est à terme ou conditionnelle peuvent et doivent même prendre leur inscription dans les six mois, conformément à l'article 2111[2], sauf à n'exercer la sé-

---

[1] Voir arrêt de Poitiers, 8 août 1828. — Dalloz, 1831, 2, 81.
[2] Lyon, 24 juillet 1835. — Dalloz, 1836, 2, 175.

paration qu'au jour de l'échéance ou l'avénement de la condition, à moins, bien entendu, que l'héritier, par son fait, ne mette en danger le gage de ces créanciers, auquel cas ils prendront les mesures qui appartiennent à tout créancier pour la conservation de leur gage. En effet, puisque l'inscription de l'article 2111 est un acte essentiellement conservatoire, on ne peut refuser aux créanciers à terme ou conditionnels d'user de cette inscription.

Remarquons que tout ce que nous avons dit de la disposition de l'article 2111 ne s'appliquerait pas à une succession ouverte avant la promulgation du Code civil. Cette succession resterait régie par les anciens principes qui étaient reproduits par les articles 878, 879, 880. Ce point de droit, d'abord controversé, ne fait plus doute[1] maintenant; sa solution, du reste, est d'une utilité pratique bien secondaire aujourd'hui.

43. Il est deux cas particuliers qui ont attiré l'attention des auteurs, ce sont : 1° le cas où la succession est vacante; 2° le cas où elle est acceptée sous bénéfice d'inventaire. On s'est demandé si, dans ces deux cas, les créanciers héréditaires avaient besoin de prendre les mesures conservatoires que nous venons d'indiquer.

*Succession vacante.* — Dans le cas où une succession est vacante, on lui nomme un curateur qui administre et doit rendre compte. Comme il n'y a pas d'héritier connu, pas de confusion par conséquent, il semble inutile de demander la séparation. Il est vrai que souvent cette précaution sera inutile, et que les créanciers héré-

---

[1] Cass., 22 janvier, 22 septembre 1806. — *Répert.* h. v., § 3, n° 7.
Cass., 8 mai 1811. — Denevers, 1811, p. 267.
Cass., 3 mars 1835. — Dalloz, 1835, p. 110.

ditaires seront payés sur les biens de la succession vacante sans craindre aucun concours. Mais un héritier peut se présenter, et alors, en vertu de l'article 777, son acceptation remonte au jour de l'ouverture de la succession; les créanciers héréditaires qui n'auraient pas pris l'inscription de l'article 2111 pourraient avoir à s'en repentir. Nous savons que l'on a soutenu que dans ce cas le délai de l'article 2111 ne courrait que depuis l'acceptation de l'héritier; mais nous n'avons trouvé aucune disposition qui appuyât cette opinion, et nous pensons qu'il est plus prudent de prendre l'inscription dans les délais de 2111 comptés depuis l'ouverture de la succession. Nous n'insisterons pas sur ce point, qui nous semble devoir se présenter rarement.

*Succession acceptée sous bénéfice d'inventaire.* — Les créanciers héréditaires doivent-ils dans ce cas demander la réparation des patrimoines? doivent-ils prendre l'inscription de l'article 2111? La doctrine et la jurisprudence sont fort divisées, et nous trouvons dans les deux sens et des auteurs et des arrêts. Nous allons exposer le système qui consiste à ne voir aucune utilité dans ce cas à la séparation des patrimoines. Nous essayerons après de le réfuter.

L'effet du bénéfice d'inventaire est d'empêcher la confusion du patrimoine du défunt avec le patrimoine de l'héritier, et c'est également le but de la demande en séparation des patrimoines. Quand le but est atteint par un moyen, pourquoi employer un nouveau moyen qui n'ajoutera rien et ne fera qu'augmenter les frais? D'ailleurs le Code a bien veillé aux droits des créanciers héréditaires dans le cas du bénéfice d'inventaire. Dans l'article 803, il oblige l'héritier à rendre compte des biens du défunt; dans l'article 807, il autorise les créanciers héréditaires à exiger une caution de l'héritier. Les droits des créanciers héréditaires sont donc sauvegardés. Il a été ainsi jugé [1]. Un des arrêts que nous citons a même décidé que la séparation des patrimoines est la conséquence nécessaire du bénéfice d'inventaire; que, conséquemment, non-seulement l'inscription de l'article 2111 est inutile, mais encore qu'elle doit être annulée si elle a été prise. L'arrêt base cette conclusion sur l'article 2146, qui refuse tout effet aux inscriptions prises depuis l'ouverture de la succession, lequel article prouve que la séparation ne peut être demandée que dans le cas où la succession est acceptée purement et simplement. La cour de cassation a sanctionné cette doctrine dans un arrêt [2], où, répondant à des objections qui lui avaient été faites, elle déclare que la publicité si désirée par le législateur dans l'article 2111 est fournie suffisamment par l'inscription que fait l'héritier de son acceptation bénéficiaire sur le registre du greffe à ce destiné. La cour déclare également que l'on ne doit pas craindre l'acceptation pure et simple qui peut se faire ultérieurement et rétablir la confusion des deux patrimoines, parce que, dit-elle, cette acceptation pure et simple ne peut pas nuire aux créanciers de la succession qui ont acquis la cessation de toute confusion entre les deux patrimoines. La cour de Paris [3] a sanctionné cette doctrine, qu'appuient du reste des

---

[1] Paris, 20 juillet 1811. — *Journal du Palais*, 1811, p. 582. — Paris, 8 avril 1826. — *Id.*, tome i, 1827, p. 185.

[2] 18 juin 1833. — *Id.*, tome iii, 1833, p. 276.

[3] 4 mai 1835. — Dalloz, 1835, 2, 101. — 18 mai 1842.

auteurs fort recommandables [1]. On fait remarquer en outre que si l'héritier bénéficiaire a fait des actes qui, aux termes des articles 778, 800, entraînent son acceptation pure et simple, les créanciers ont le droit de le considérer ou comme héritier bénéficiaire ou comme héritier pur et simple [2].

Quelques partisans de ce système admettent cependant que, bien que la séparation des patrimoines soit inutile à demander en présence du bénéfice d'inventaire, cependant, comme la publicité de l'acceptation bénéficiaire n'est pas celle que le législateur désire être donnée à la séparation, il faudra faire l'inscription de l'article 2111 [3].

Nous allons tâcher de répondre aux arguments de nos adversaires.

La demande est inutile parce que la séparation existe de plein droit. Mais si elle existe de plein droit et comme conséquence du bénéfice d'inventaire, pourquoi refuser alors les mesures conservatoires qui accompagnent la séparation? Vous accordez qu'elle existe, et vous ne permettez pas d'agir comme si elle existait. Vous prétendez que les mesures conservatoires instituées au cas de bénéfice d'inventaire sont suffisantes, c'est ce que nous examinerons tout à l'heure. D'ailleurs, dites-vous, l'inscription de l'article 2111 n'est plus possible en présence de l'article 2146. Ce dernier argument est faux de tous points. Quel est l'esprit de

---

[1] Lauterbach. *Dissert. jurid. disputatio*, 126, cap. 1, § 3. — Blondeau, p. 503 et seq. — Dufresne, n° 76. — Grenier, *Hyp.*, n° 433.

[2] Blondeau, p. 507, 508. — Aubry et Bau, § 618, note 58, sur Zachariæ. — Paris, 4 mai 1835.

[3] Delvincourt, ii, p. 98. — Cabantous, p. 41, *Revue de législation.*

l'article 2146 ? L'acceptation bénéficiaire fait présumer une succession obérée, dont l'actif ne suffira pas à désintéresser les créanciers. Le législateur a voulu que la mort du débiteur déterminât irrévocablement la position respective de ses créanciers et qu'aucun d'eux ne pût s'attribuer une cause de préférence sur les biens d'une succession que tout fait présumer insolvable. C'est là l'esprit de l'article 2146, qui ne saurait s'appliquer à l'inscription de l'article 2111, inscription qui n'a aucun effet entre les créanciers héréditaires, inscription qui n'est dirigée que contre les créanciers de l'héritier.

Les mesures conservatoires du bénéfice d'inventaire sont-elles suffisantes pour garantir les droits des créanciers héréditaires ? Nous le nions, et nous prenons la preuve dans les écrits d'un de nos adversaires[1], qui convient que, si l'héritier n'a pas fait inventaire du mobilier, les créanciers héréditaires devront le faire, afin de pouvoir empêcher la confusion[2]. Ainsi l'on permettra quelques actes conservatoires aux créanciers héréditaires, d'autres leur seront interdits comme inutiles. Où prend-on le droit de faire une telle distinction ?

Mais arrivons à notre principal argument. Nous disons : Mais qui garantira les créanciers héréditaires contre une acceptation pure et simple, tacite ou expresse ? Et la cour de cassation répond : Cela ne peut pas être, car ce serait injuste. L'héritier ne peut plus accepter purement. Il ne le peut plus ? Et que fait-on donc de l'article 800, de l'article 778, dans ce système singulier qui fait la loi au lieu de l'appliquer ? Quelques-uns

---

[1] Dufresne, n° 78.
[2] Paris, 5 avril 1838. — Cass., 28 avril 1840. — Dalloz, 1840, 210.

ont même ajouté : Mais les créanciers héréditaires pourront considérer l'héritier comme bénéficiaire ou comme héritier pur et simple ? Où trouve-t-on que cette alternative soit permise aux créanciers héréditaires ? Les articles 988, 989 C. p. c. sont au contraire formels ; ils ne disent pas que l'héritier bénéficiaire qui aura fait un des actes énoncés dans l'article 778 du Code civil *pourra être* considéré comme héritier pur et simple, ils vous disent qu'il *sera* héritier pur et simple.

Quant à la publicité, elle n'est pas celle que la loi veut donner à la séparation des patrimoines, et cela a été si bien senti que quelques-uns de nos adversaires n'ont pas cru pouvoir défendre l'inscription de l'article 2111.

En résumé, on enlève aux créanciers héréditaires un droit formel qu'aucun texte de loi n'autorise à leur enlever ; on leur enlève ce droit sous prétexte qu'ils sont suffisamment garantis ; et ils ne le sont pas. Nos adversaires enfin prétendent que leur accorder ce droit serait inutile, et nous pensons avoir indiqué que ce droit leur est encore utile ; et c'est ce que nous prouvons encore par un aveu qui échappe à nos adversaires. Ils conviennent que, si l'héritier bénéficiaire est évincé par un héritier qui accepte purement et simplement, les créanciers du défunt devront faire la demande, devront faire l'inscription. Mais sera-t-il temps de faire la demande, sera-t-il temps de faire l'inscription ? L'acceptation de cet héritier pur et simple remontera au jour de l'ouverture de la succession ; et peut-être six mois se sont écoulés depuis l'ouverture de la succession. Que deviendra l'inscription ? Et peut-être trois ans se seront écoulés depuis l'ouverture de cette succession. Que deviendra le droit des créanciers sur les meubles en présence de l'article 880 ? On le voit, le bénéfice d'inventaire ne garantit pas les créanciers de la succession comme les garantit la séparation des patrimoines ; et comme aucun texte de loi n'enlève ce droit aux créanciers héréditaires, comme l'article 878 le leur donne *en tous les cas*, nous pensons que, malgré le bénéfice d'inventaire, ils peuvent user de l'article 878 et de l'article 2111, nous pensons, et nous l'avons prouvé, que dans certains cas l'usage qu'ils auront fait de ces droits les garantira seul des faits d'un héritier à la merci duquel le système adverse les livre sans défense.

## CHAPITRE CINQUIÈME.

### DE LA NATURE ET DES EFFETS DE L'INSCRIPTION PRESCRITE PAR L'ARTICLE 2111.

44. La question la plus importante et en même temps la plus controversée de la matière est celle de savoir si les créanciers héréditaires qui ont obtenu la séparation des patrimoines et requis inscription jouissent, sous l'empire des lois qui nous régissent, d'un véritable privilége ou simplement d'un droit de préférence. En un mot, l'article 2111 a-t-il changé la nature du droit de séparation établi dans les articles 878, 879, 880. Nous pensons que l'article 2111 a transformé ce droit en un véritable privilége qui donne aux créanciers héréditaires le droit de suite, qui dégénère en hypothèque, qui entraîne à sa suite en un mot toutes les conséquences attachées au privilége. Mais avant de

dire ces conséquences, il nous faut prouver notre opinion, qui compte d'ardents adversaires. Jetons d'abord un regard sur le passé.

A Rome, l'héritier, en acceptant l'hérédité, prenait à sa charge toutes les dettes dont elle était grevée, et les créanciers du défunt devenaient créanciers personnels de l'héritier. Ils ne pouvaient, dans la rigueur du droit, invoquer aucune cause de préférence sur les biens de la succession. Le préteur créa, dans l'intérêt de l'équité, le bénéfice de séparation, qui était précédé de l'envoi en possession des biens du défunt. Avant cet envoi en possession accordé aux créanciers héréditaires, les biens restés libres entre les mains de l'héritier avaient pu être valablement aliénés par lui. Mais l'envoi une fois prononcé, l'héritier était dessaisi, les créanciers de la succession acquéraient sur les biens héréditaires un gage prétorien qui les garantissait contre toute aliénation.

Notre ancien droit, en organisant la séparation des patrimoines, n'emprunta pas au droit romain la *missio in bonorum possessionem* et ses conséquences. Les créanciers héréditaires ont une action directe contre l'héritier, ils ne sont plus forcés d'arriver à une expropriation; mais en revanche ils n'ont plus ce droit hypothécaire qui résultait de l'envoi en possession, et ils ont à redouter les aliénations que pourra faire l'héritier après la demande de séparation; leur droit est soumis à la condition que l'héritier conservera les biens héréditaires. En un mot, au lieu d'avoir acquis un droit réel sur les biens de la succession, ils n'ont plus qu'un droit de préférence soumis à une condition bien dangereuse pour eux. Ce résultat malheureux était la con-

9

séquence des changements apportés dans la procédure ;
on ne connaissait plus l'envoi en possession. Telle était
la jurisprudence des parlements. Cependant le parlement de Normandie se sépara de la jurisprudence des
autres cours souveraines du royaume, et voici en quels
termes *Lebrun* constate cette divergence : « *Il n'est plus*
» *temps de demander la séparation des patrimoines après*
» *que l'héritier a vendu les biens de la succession. Il peut*
» *donc se faire qu'un héritier de mauvaise foi vende tous*
» *les biens incontinent après le décès ; et frustre, par ce*
» *moyen, tous les créanciers chirographaires du défunt ;*
» *c'est là une fraude aisée à commettre et qui ne peut pas*
» *l'être sous le parlement de Normandie, qui décide que*
» *toutes les dettes chirographaires du défunt deviennent*
» *hypothécaires du jour de son décès* [1]. » *Lebrun* aurait
pu ajouter que la vente faite par l'héritier, même après
la demande de séparation, pouvait dépouiller les créanciers héréditaires.

Vint la loi du 11 brumaire an VII. Elle ne changea
rien au droit de séparation tel que l'organisaient les lé-
gislations antérieures. Ainsi donc dans le Hainaut on
continua à ne point accorder la séparation aux créanciers héréditaires. Dans les autres ressorts on appliqua
à la séparation des patrimoines la jurisprudence des
anciens parlements. Dans le ressort de l'ancien parlement de Rouen on appliqua la jurisprudence qui donnait un droit hypothécaire aux créanciers héréditaires.
L'on peut donc faire abstraction de la législation intermédiaire et considérer qu'il n'y eut pas de transition entre les règles de l'ancien droit et les règles du Code civil.

[1] Basnage, *Hyp.*, ch. XIII, p. 305. — Lebrun, *Successions*, loc. cit.,
§ 24.

Les rédacteurs du Code civil, dans les articles 878 et suivants, se sont inspirés de *Pothier*. Jusque-là tout le monde est d'accord. La séparation des patrimoines ne donne qu'un simple droit de préférence et pas un privilége. Mais les articles 878, 879, 880 ont été décrétés le 29 germinal an XI, l'article 2111 a été décrété le 29 ventôse an XII; il peut donc changer les dispositions des articles décrétés en l'an XI. A-t-il simplement exigé une publicité au droit posé en principe dans l'art. 878; a-t-il transformé le droit en un privilége? Telle est la question.

Remarquons tout d'abord que cette idée, de faire du droit de séparation un privilége, n'était pas une idée nouvelle. C'était au fond ressusciter la jurisprudence du parlement de Normandie. Ce parlement avait rendu hypothécaires les créances chirographaires du défunt, et comme dans ce temps il n'y avait pas d'inscription de l'hypothèque, l'hypothèque des créanciers héréditaires équivalait à un privilége tel que nous l'entendons aujourd'hui. Les rédacteurs du Code avaient donc des précédents, et on ne peut les accuser, comme le font nos adversaires, d'avoir édicté des dispositions dont la portée textuelle leur échappait. Les rédacteurs du Code savaient donc parfaitement ce qu'ils faisaient quand ils ont écrit l'article 2111.

L'article 2111 nous paraît formel : il appelle *privilége* le droit de demander la séparation, il règle l'inscription de ce privilége et les conséquences de cette inscription. Et le mot *privilége* a ici toute sa valeur technique. Nous comprendrions que si le mot de privilége avait été employé dans les articles 878, 879, 880 et que rien au titre des Priviléges et hypothèques ne vînt confirmer

9.

la valeur de ce mot, nous comprendrions qu'on pût contester la portée de ce mot. Mais quoi ! c'est au titre des Priviléges et hypothèques que le législateur parle du droit de séparation ; c'est après avoir énuméré les priviléges sur les immeubles qu'il parle du droit de séparation et qu'il le qualifie de *privilége*, et le législateur n'aurait fait dans cette qualification qu'une erreur grossière, il ne se serait pas souvenu de la valeur d'un mot sur lequel toute son attention se portait ! Pour nous, nous l'avouons, nous renoncerions à donner une valeur quelconque aux paroles du législateur, si nous le croyions capable de commettre de pareilles erreurs.

Nos adversaires, qui sentent bien que ce premier argument ne peut être écarté, croient trouver dans le mot *conserver* un meilleur moyen. Voyez, disent-ils, dans quelle section est placé l'article 2111 ; c'est dans la section intitulée *Comment se conservent les priviléges*; et l'article 2111 lui-même se sert du mot *conserver*. Or, pour conserver quelque chose, il faut que cette chose existe, et où trouvons-nous l'existence de cette chose dont la section IV du titre XVII s'occupe de conserver l'existence ? Nous trouvons l'existence de cette chose, des priviléges en un mot, nous la trouvons dans les sections précédentes qui énumèrent les priviléges. Et dans ces sections aucun article ne mentionne l'existence du privilége de séparation, il n'est ni défini, ni classé. C'est un oubli, nous l'accordons; mais est-ce le seul oubli de ce genre ? le législateur a-t-il parlé dans les articles 2103 et suiv. du privilége que mentionne l'article 582 du C. de pr. civ.? a-t-il mentionné dans l'article 2121 l'hypothèque légale des légataires dont parle l'article 1017? et cependant on ne refuse pas de reconnaître comme un privilége les droits créés par l'article 582, comme une hypothèque les droits auxquels l'article 1017 a donné naissance. Oui, nous l'accordons, il y a, en ce qui touche la séparation des patrimoines, un oubli du législateur; mais cet oubli est plus que réparé par l'article 2111, qui conserve un privilége, et s'il le conserve, c'est que pour lui il existe. Remarquons encore que nos adversaires basent leur second argument, comme leur premier, sur quoi? sur une erreur du législateur. Nous avons au moins l'avantage de donner un sens raisonnable aux paroles du législateur, et toute notre force consiste à penser qu'il a su ce qu'il voulait dire.

Mais examinons ce qui constitue un privilége; quand nous aurons démontré que le droit de séparation des patrimoines comprend toutes les marques distinctives du privilége, notre preuve sera faite, et nous n'aurons plus qu'à déduire les conséquences.

Le privilége se distingue par trois choses : il est affecté à la garantie d'une créance à raison de sa qualité; son rang n'est pas subordonné à la date de son inscription; enfin il suppose un concours entre les créanciers d'un même débiteur.

Niera-t-on que le bénéfice de séparation ne soit attaché à la qualité de la créance? niera-t-on que c'est parce qu'elle a qualité de créance héréditaire que cette créance peut invoquer le bénéfice de séparation? Personne ne le nie, personne ne le pourrait nier.

Niera-t-on que ce bénéfice ne soit pas affranchi de la règle : *Prior tempore, potior jure ?* La négation est impossible en présence des termes de l'article 2111.

Le privilége suppose un concours entre les créanciers d'un même débiteur. Ici, nos adversaires nient que le bénéfice de séparation présente ce caractère. Pour eux il n'y a pas concours, puisqu'il y a deux patrimoines. Pour eux il n'y a pas même débiteur, puisque l'héritier ne doit rien aux créanciers héréditaires. Nous répondrons que s'il est vrai que la séparation ait pour objet de séparer les patrimoines et d'attribuer certains biens aux créanciers dont la créance a la qualité exigée, la séparation ne fait là que ce que fait tout privilége qui prend dans une masse un bien pour le séparer et l'attribuer au créancier qui a une cause de préférence. Mais, si fictivement il y a deux patrimoines, en réalité il n'y en a qu'un, et la séparation des patrimoines n'a pas pour effet de détruire les conséquences de l'article 724. L'héritier reste propriétaire des biens de la succession, il en reste même possesseur, et cela est si vrai que ses créanciers personnels s'empareront des biens de la succession, les créanciers héréditaires une fois payés. Il ne faut pas retourner contre les créanciers héréditaires un bénéfice introduit en leur faveur. Il vaudrait autant refuser à un créancier privilégié quelconque qui n'a pas obtenu son payement intégral par l'immeuble qui lui était spécialement affecté, il vaudrait autant, disons-nous, refuser à ce créancier le droit de se dire créancier chirographaire pour le reste. Lui aussi a opéré une séparation. Il n'y a pas même débiteur, ajoutent nos adversaires, et la preuve en est dans les termes de l'article 879. A cela, nous répondrons par l'article 724, par l'article 873, et nous expliquerons l'article 879 comme il suit : Les mots *par l'acceptation de l'héritier pour débiteur* n'ont pas le sens qu'on veut leur donner; ils ne veulent pas dire que

l'héritier n'est pas débiteur des créanciers héréditaires, et qu'il le sera si ces créanciers le veulent.
Car c'est là le sens que donnent nos adversaires aux
derniers mots de l'article 879. Cet article n'a jamais dit
cela et ne pouvait pas le dire ; on ne fait pas à sa volonté
qu'un tel vous doive ou ne vous doive pas. L'héritier
doit aux créanciers héréditaires (873). Que veut donc
dire 879 ? Il veut dire que lorsque les créanciers héréditaires, par leurs actions, leur conduite, auront
prouvé qu'ils se contentent de leur droit de créance purement et simplement, tel que le leur accorde l'art. 873,
ils ne pourront plus venir invoquer le privilége, le
bénéfice de la séparation. De même, l'héritier qui a,
par certains actes, prouvé qu'il acceptait l'hérédité
purement et simplement ne pourra plus venir invoquer
le bénéfice d'inventaire. L'article 879 dit pour les
créanciers héréditaires ce que l'article 800 dit pour
l'héritier. Mais l'article 879 ne dit pas que l'héritier ne
doit rien aux créanciers héréditaires, qu'il n'est pas leur
débiteur.

Nous croyons avoir prouvé que les textes ont fait
du bénéfice de séparation un privilége, et l'ont fait en
connaissance de cause ; que ce bénéfice réunit toutes
les conditions du privilége. Nous croyons avoir prouvé
cela la loi à la main.

Nous savons que nous avons contre nous de nombreux auteurs, et des plus savants ; nous savons que
nous avons contre nous beaucoup d'arrêts. Mais nous
avons aussi pour nous quelques auteurs et un nombre
d'arrêts égal au moins au nombre de ceux qui nous
sont contraires. Citer ces auteurs, ces arrêts, eût été
fastidieux, nous avons mieux aimé donner leurs raisons.

45. Les conséquences de la transformation du droit de séparation en un privilége se déduisent facilement.

D'abord, nous appliquerons l'article 834 C. de p. c. à ce privilége, comme nous l'appliquons à tous les priviléges (V. § 42).

Ensuite, le délai de six mois passé, l'inscription qui sera prise transformera le droit de séparation de privilége en hypothèque (2113). Nous savons que ce résultat a été très-contesté, mais c'est à tort. Le droit de séparation est un privilége, il ne reste tel qu'autant qu'il a été inscrit dans les six mois, il devient alors une simple hypothèque, l'article 2113 est formel; toute discussion est à notre avis inutile.

La séparation étant un privilége si les créanciers se conforment aux prescriptions de l'article 2111, une hypothèque dans le cas où il y a lieu d'appliquer l'article 2113, le droit de suite énoncé dans l'article 2166 est la conséquence nécessaire de ces principes. Et c'est là une des grandes innovations que les principes nouveaux ont amenées nécessairement. Les immeubles aliénés par l'héritier qui, aux termes de l'article 880, ne pouvaient plus être réparés, le seront nécessairement si l'acquéreur n'a pas transcrit et que les créanciers héréditaires aient pris inscription, ou encore si, ayant transcrit, les créanciers héréditaires ont pris inscription dans le délai de quinzaine que leur accorde l'art. 834 du Code de procédure.

On le voit, les conséquences du principe posé dans l'article 2111 sont des conséquences bien graves et qui ont changé de fond en comble la nature du droit de séparation, c'est ce que nous apprécierons d'une manière plus pratique dans le chapitre suivant.

# CHAPITRE SIXIÈME.

## DES EFFETS DE LA DEMANDE EN SÉPARATION DES PATRIMOINES.

**46.** Les effets de la demande de séparation des patrimoines ne sont que la conséquence logique des principes que nous avons posés dans les chapitres précédents, et l'étude de ces effets sera pour ainsi dire le résumé de ce que nous avons dit. Nous suivrons la division que nous avions adoptée dans notre thèse sur le droit romain, elle offre d'ailleurs l'avantage de pouvoir suivre les changements opérés dans les conséquences de la séparation des patrimoines par les changements apportés à la nature du droit.

Nous étudierons donc les effets de la séparation des patrimoines :

1° A l'égard des créanciers et légataires de la succession entre eux ;

2° A l'égard de l'héritier ;

3° A l'égard des créanciers personnels de l'héritier.

## § 1er.

### Effets de la séparation des patrimoines entre les créanciers héréditaires et les légataires.

**47.** Le privilége de la séparation des patrimoines a pour effet principal de faire cesser la confusion juridique qui résulte de l'acceptation de l'héritier, il crée au profit des créanciers héréditaires, qui ont rempli les conditions nécessaires pour sa conservation, un droit de préférence opposable aux créanciers de l'héritier. Mais les effets du privilége se réduisent à cela; il ne modifie en rien les rapports des créanciers et des légataires entre eux. C'est ce qui résulte des articles 878 et 2111, aux termes desquels la séparation n'a d'effets qu'à l'égard des créanciers de l'héritier [1]. On nous objecte que dans notre système nous ne pouvons logiquement arriver à cette conclusion. Vous prétendez, dit-on, que la séparation est un privilége, que les créanciers du défunt restent créanciers de l'héritier, et cependant vous ne permettez pas aux créanciers privilégiés d'invoquer leur privilége contre certains créanciers de l'héritier, c'est illogique. L'objection qu'on nous fait n'est pas une objection sérieuse, car il est admis par tous que la mort d'une personne fixe les droits de ses créanciers, et c'est ce qui a inspiré l'article 2146. Ainsi donc, si le législateur n'avait pas créé le bénéfice de séparation, les créanciers du défunt ne pourraient pas changer leur position. Le législateur a permis, par une faveur toute spéciale, que ces créanciers pussent jouir d'un privilége, mais il a dit contre qui ils pourraient l'invoquer, et, en le créant en leur faveur, il n'a pas permis qu'il pût nuire à quelques-uns d'entre eux (878); et s'il déroge à la règle de l'article 2146 dans l'article 2111, il y déroge dans de certaines limites; l'article 2111 vise l'article 878, qui est formel; lui-même est d'ailleurs formel. Tenons donc pour constant que dans leurs rapports entre eux les créanciers et légataires de la succession n'ont rien de changé par

---

[1] Delvincourt, II, p. 178. — Devilleneuve, 42, II, 355. — Dufresne, n°s 93, 97, 98.

la demande que tous ou quelques-uns d'entre eux font pour obtenir la séparation des patrimoines. Ainsi, ceux qui avant le décès du *de cujus* avaient une créance privilégiée resteront vis-à-vis de leurs cocréanciers privilégiés comme ils l'eussent été si leur débiteur n'était pas mort; ceux qui n'avaient qu'une hypothèque inscrite passeront après leurs cocréanciers privilégiés, mais avant leurs cocréanciers simplement chirographaires; et ceux-ci ne viendront qu'au troisième rang et au marc le franc, mais avant les légataires du *de cujus;* ceux-là, en vertu de la maxime *Nemo liberalis nisi liberatus,* ne seront payés que s'il reste quelque chose des biens du *de cujus,* ses créanciers une fois payés.

La circonstance que quelques-uns de ces créanciers ou légataires du défunt ont pris inscription ne peut nuire à ceux qui n'auraient pas pris cette inscription [1] ou qui ne l'auraient pas prise de la manière la plus favorable (2113); cette circonstance peut au contraire être fort utile aux créanciers ou légataires de la succession, ainsi que nous le démontrerons tout à l'heure. Examinons donc ce qui peut se passer, et voyons ce que nous devrons décider pour obéir aux principes.

48. Il est un cas qui ne présente aucune difficulté, c'est celui où tous les créanciers héréditaires ont pris l'inscription de l'article 2111 dans les six mois, ainsi que les légataires. Dans ce cas, ils primeront tous les créanciers de l'héritier. Les créanciers héréditaires entre eux appliqueront le principe de l'article 2097, s'il n'existait pas, bien entendu, en faveur de quelques-uns

---

[1] Nous ne parlerons guère dans ce chapitre que des effets de la séparation en ce qui touche les immeubles, car là est la difficulté réelle.

des causes de préférence antérieures à la mort du *de cujus* ; les légataires ne seront payés que lorsque tous les créanciers héréditaires l'auront été, quand même ces créanciers héréditaires auraient pris inscription après eux, légataires. Remarquons qu'entre les créanciers et les légataires, alors même que le délai de six mois est passé quand ils prennent inscription, bien que le privilége de séparation dégénère alors en hypothèque, il n'y a pas de différence à faire, car le privilége ne dégénère en hypothèque qu'en faveur des créanciers de l'héritier; entre les créanciers héréditaires, entre les légataires, l'antériorité d'inscription n'a aucune valeur, puisque nous verrons même qu'entre eux le défaut d'inscription n'a pas même d'inconvénients.

49. Une autre hypothèse peut se présenter : quelques créanciers héréditaires se sont inscrits dans les six mois, et d'autres postérieurement à cela et à des inscriptions prises par les créanciers de l'héritier; les créanciers héréditaires diligents priment-ils les créanciers héréditaires négligents? Telle est la question, un exemple la fera mieux saisir.

Soit une succession de 300,000 fr. en actif, dont le passif s'élève à 600,000 fr. divisés en deux créances, l'une de 200,000 fr. et l'autre de 400,000 fr. Le créancier de 200,000 fr. prend inscription dans les six mois, un créancier de la succession se fait inscrire pour 250,000 fr.; puis, les six mois écoulés, le créancier de 400,000 fr. prend enfin inscription. L'immeuble est vendu 300,000 fr.; comment distribuer le prix? Le créancier héréditaire prendra d'abord 200,000 fr., le créancier de l'héritier prendra 100,000 fr. On a contesté ce résultat; on a dit : Mais si le créancier héréditaire de 400,000 fr. avait pris inscription à temps utile, le créancier de 200,000 fr. n'aurait eu que 100,000 fr., il ne peut pas profiter de la négligence de son cocréancier. Nous accordons cela ; mais ce n'est pas au créancier de l'héritier à tenir ce langage ; il a été averti par l'inscription qu'il était primé par une créance de 200,000 fr., l'article 2111 est formel.

Mais entre les deux créanciers héréditaires que se passera-t-il ? Divers systèmes se sont formés sur cette question. Voici, selon nous, le préférable. Nous dirons : l'inscription du créancier diligent ne doit pas lui procurer un droit de préférence sur son cocréancier négligent, car la séparation n'a d'effet que vis-à-vis des créanciers de l'héritier ; mais, d'un autre côté, il ne peut être victime de la négligence de son cocréancier. D'où il suit que le créancier diligent devra recevoir ce qu'il aurait eu si son cocréancier se fût inscrit en temps utile. Si cela avait eu lieu, le créancier de 200,000 fr. aurait eu 100,000 fr., le créancier de 400,000 fr. aurait eu 200,000 fr. Le créancier de 400,000 fr. prendra donc 100,000 fr. sur les 200,000 fr. que le créancier inscrit en temps utile avait obtenus. Et ce dernier ne pourra pas se plaindre, car il ne pourrait garder les 200,000 fr. qu'en invoquant contre son cocréancier le privilége de séparation, et cela ne se peut (878, 2111).

Appliquons ce système aux légataires ; nous prendrons encore un exemple : soit un immeuble de 20,000 francs laissé par le défunt, un legs de 10,000 francs, une dette de 15,000 francs. Le légataire inscrit dans les six mois, puis un créancier de l'héritier inscrit une dette de 20,000 francs ; puis enfin, après les six mois, le créancier du défunt prend inscription après le créancier de l'héritier. L'immeuble est vendu 20,000 francs. Le légataire prend 10,000 francs, le créancier de l'héritier prend 10,000 francs, et dans la distribution du prix le créancier héréditaire n'a rien : il s'est inscrit après les six mois. Le créancier de l'héritier peut lui opposer cette tardive inscription. Mais le légataire peut-il invoquer contre lui créancier héréditaire le défaut d'inscription ? Nullement. D'un autre côté, lui créancier ne peut être traité comme s'il avait pris inscription, ou du moins il ne peut faire supporter au légataire sa négligence à lui. Que pourra-t-il prendre dans l'espèce ? 5,000 francs; et le légataire restera avec les 5,000 francs qu'il aurait eus si le créancier avait pris inscription. Quant au créancier de l'héritier, il ne peut pas se plaindre, il a reçu ce qu'il pouvait recevoir, déduction faite de la créance que lui avait annoncée l'inscription.

On le voit, si l'inscription de mon cocréancier ne peut pas me nuire, elle peut me servir beaucoup. Elle ne me sera d'aucune utilité au cas où lui et moi nous aurions été payés intégralement; car il me dira alors : Si tu n'es pas payé, c'est ta faute, et je ne profite pas de ta faute; car, alors même que tu aurais pris inscription, j'aurais été payé; et tu ne peux me nuire par ta négligence, dont je ne puis profiter sans doute, mais qui dans l'espèce ne me profite pas. Par exemple, supposons une fortune de 30,000 francs, deux créanciers de chacun 15,000; l'un d'eux inscrit en temps utile, puis un créancier de l'héritier inscrit pour une somme de 15,000 ; enfin le créancier héréditaire qui reste inscrit, mais après les six mois et après le créancier de l'héritier. On vend l'immeuble 30,000 francs. Le créancier héréditaire inscrit prend 15,000 francs, le créancier de l'héritier prend 15,000 francs. Le créancier héréditaire non inscrit en temps utile ne pourra rien réclamer ; car son cocréancier ne profite pas de sa négligence, et seul il doit en souffrir, puisque, s'il avait inscrit, il aurait eu son payement intégral comme son cocréancier ; il ne peut pas enlever quelque chose à ce cocréancier parce qu'il a été négligent, lui qui ne s'est pas fait inscrire.

50. Il se peut enfin que tous les créanciers héréditaires se soient inscrits après les six mois.

Dans ce cas, les créanciers héréditaires sont primés par les créanciers de l'héritier qui se sont inscrits avant, puisque le privilége de séparation est dégénéré en hypothèque 2113 ; mais entre eux le résultat sera le même, et nous appliquerons les règles que nous venons de donner.

S'il n'y a que des créanciers de l'héritier postérieurs à l'inscription hypothécaire des créanciers de la succession, ils seront primés par l'hypothèque de ces créanciers héréditaires (2134) ; mais entre eux les créanciers héréditaires régleront la distribution du prix comme nous avons indiqué dans le numéro précédent.

51. Nous avons dit que ceux des créanciers héréditaires qui avaient pris inscription ne pourraient pas invoquer leur inscription contre leurs cocréanciers ; cependant il ne faut pas poser cela en règle absolue. Ainsi elle leur sera utile pour annuler les hypothèques que leur cocréancier se serait fait consentir sur les biens de la succession par l'héritier.

## § 2ᵉ.

**Effets de la séparation des patrimoines à l'égard de l'héritier.**

52. Bien que la séparation soit spécialement dirigée contre les créanciers de l'héritier, cependant elle n'est pas sans effet contre les héritiers. Elle reconstitue, en faveur des créanciers héréditaires et par une fiction légale, le patrimoine du défunt. Elle empêche la confusion, et cela a des conséquences bien graves pour l'héritier. En effet, cette reconstitution du patrimoine du défunt empêche la division des dettes ; si ce résultat peut se contester en ce qui touche les meubles, puisque nous devons reconnaître qu'il n'existe aucun texte précis, on ne le peut contester en ce qui touche les immeubles, puisque, sans avoir égard aux partages que les héritiers auraient pu faire, la loi accorde aux créanciers héréditaires un véritable privilége en leur accordant le bénéfice de séparation. Si donc on ne peut soutenir d'une manière absolue que la division des dettes n'existe plus, cependant, en fait, on arrive au même résultat par la transformation que l'article 2111 a apportée au droit de séparation.

Il est un résultat de la séparation des patrimoines que nous croyons la conséquence nécessaire de la cessation de la confusion. Selon nous, le débiteur du défunt qui est créancier de l'héritier d'une somme égale à celle qu'il devait au défunt ne pourra pas opposer la compensation aux créanciers héréditaires qui auront demandé la séparation ; ils pourront valablement se faire payer par ce débiteur du défunt. Sans doute la compensation a lieu de plein droit et à l'insu des parties (1290), quand deux personnes se trouvent débitrices l'une envers l'autre et que les deux dettes sont également liquides et exigibles (1291). Mais ici il n'y a pas deux personnes débitrices l'une envers l'autre, car-la séparation empêche les effets de la confusion juridique. La demande de séparation rétroagit au jour de l'ouverture de la succession, et il en résulte que, légalement, la qualité de débiteur et de créancier n'a pas coexisté un moment sur la tête de l'héritier ; d'ailleurs, le bénéfice de séparation est une prérogative accordée aux créanciers héréditaires, comme le bénéfice d'inventaire est une prérogative accordée aux héritiers. L'un est la contre-partie de l'autre. Or, l'héritier qui a accepté bénéficiairement n'admettrait pas qu'un créancier de la succession vînt lui proposer de compenser sa créance avec la dette qu'il aurait, lui créancier de la succession, envers cet héritier bénéficiaire.

Une autre conséquence de la séparation vis-à-vis de l'héritier, c'est de faire renaître contre lui les créances que le défunt avait contre lui héritier et que la confusion avait éteintes. La confusion est rescindée dans l'intérêt des créanciers héréditaires : *Cessante causâ cessat effectus*.

L'aliénation que l'héritier a faite d'un immeuble de la succession peut être attaquée par les créanciers héréditaires si cette aliénation est faite en fraude de leurs droits ; mais alors il faudra qu'ils prouvent la fraude de l'héritier et celle du tiers, si l'aliénation a été faite à titre onéreux. Si l'aliénation a été gratuite, il suffit de prouver la fraude de l'héritier ; nous appliquons en un mot les principes de 1167.

53. Les créanciers héréditaires qui ont demandé la

séparation pouvaient, n'étant pas intégralement payés sur les biens du défunt, venir demander à l'héritier de leur payer ce qui leur était dû encore.

D'après le droit romain, ils ne le pouvaient pas [1]. *Papinien* [2], il est vrai, adopte une opinion contraire à celle de *Paul* et d'*Ulpien*, mais il ne la motive pas; il se borne à dire : *Commodius est.*

Dans notre ancien droit les avis étaient partagés; cependant la doctrine de *Papinien* prévalut chez les auteurs les plus recommandables. *Lebrun* s'exprime ainsi : « *Outre la grande autorité de ce jurisconsulte, qui était* » *un contre-poids suffisant contre tous les autres, la rai-* » *son et les maximes demandent que son sentiment pré-* » *vale ; car la séparation obtenue par les créanciers du* » *défunt n'était pas capable d'affecter l'adition ou l'im-* » *mixtion de l'héritier, et ne servait pas d'exception à la* » *maxime : Qui semel heres, semper heres.* »

Ainsi, malgré la séparation, l'héritier restait soumis à l'action personnelle. Les créanciers héréditaires étaient admis, après avoir épuisé les biens de la succession, à se venger sur les biens de l'héritier. C'est ce que constate encore *Pothier* : « *La séparation,* dit-il, *ne peut pas* » *être rétorquée contre les créanciers héréditaires; en la de-* » *mandant, ils n'ont pas eu l'intention de libérer l'héritier* » *de l'obligation qu'il a contractée envers eux par l'ac-* » *ceptation de la succession, mais seulement d'être préfé-* » *rés sur ces biens aux créanciers de l'héritier.* »

Nous avons exprimé notre opinion en droit romain; mais nous reconnaissons que dans l'ancien droit fran-

---

[1] L. 1, § 17, h. t. ff.
[2] L. 3, § 2, h. t. ff.

çais les auteurs et la jurisprudence adoptaient l'opinion de *Papinien*.

Les rédacteurs du Code ont-ils dérogé à cette jurisprudence? En aucune façon; l'adition d'hérédité rend les créanciers héréditaires créanciers de l'héritier; c'est une conséquence incontestable des articles 724, 873; malgré la séparation, l'héritier reste propriétaire des biens séparés, possesseur même; il les administre, il peut même les aliéner (sauf les droits acquis aux créanciers héréditaires en vertu de l'article 2111); l'héritier doit donc rester tenu des dettes et des charges. De quoi se plaint-il? il pouvait accepter bénéficiairement. Nous le voyons, rien dans le Code ne vient contredire ces principes. Et si les rédacteurs avaient voulu que l'héritier ne demeurât pas débiteur des créanciers héréditaires qui ont demandé la séparation, ils auraient dû le dire; car la jurisprudence antérieure s'était occupée de cette question, et l'avait tranchée dans un sens qui n'aurait pas été le leur. En présence d'une opinion si contraire à celle que beaucoup d'auteurs supposent aux rédacteurs du Code, ces législateurs n'auraient pas manqué de manifester nettement leur désaccord avec l'ancienne jurisprudence. Ils ne l'ont pas fait, ils ont donc adopté cette jurisprudence. Mais, objecte-t-on, les derniers mots de l'article 879 prouvent au contraire que le législateur a voulu se séparer de l'ancienne jurisprudence. Rien dans la discussion au conseil d'État ne fait pressentir cette volonté, et nous avons déjà dit comment il faut entendre les derniers mots de l'article 879. Nous avons dit que ces mots, *par l'acceptation de l'héritier pour débiteur*, signifiaient par l'acceptation pure et simple de cet héritier, par la renonciation au droit de séparation, renonciation qui peut être tacite. Nous avons fait remarquer la parité qui existe entre l'article 800 et l'article 879. Cet article 879, qui est le seul argument de nos adversaires, ne nous touche donc pas, nous croyons l'expliquer facilement, et nous n'y voyons pas une exception posée aux principes si formels de l'article 724, de l'article 873. Ainsi donc les textes, les précédents historiques conservaient à l'héritier la qualité de débiteur des créanciers héréditaires séparés avant que l'article 2111 vînt donner une nouvelle force à cette doctrine, que nous maintiendrions en l'absence même de l'article 2111. Mais, depuis la promulgation de cet article, le doute n'est plus possible, et l'article 879 eût-il eu la portée que lui donnent nos adversaires, l'article 2111, en faisant du droit de séparation un privilége, changeait complétement, ou du moins abrogeait l'article 879. Il n'a pas eu à le faire, puisque l'article 879, entendu comme nous croyons qu'il doit l'être, se concilie parfaitement avec l'article 2111.

## § 3ᵉ.

Effets de la séparation à l'égard des créanciers de l'héritier.

54. Les auteurs, qui dans l'ancien droit admettaient que l'héritier reste débiteur des créanciers héréditaires séparés ne reconnaissaient aux créanciers héréditaires que le droit de venir sur les biens de l'héritier, les créanciers personnels de l'héritier une fois payés. Ils pensaient que, puisque les créanciers héréditaires avaient demandé la séparation, ils devaient, en échange de cette dérogation aux règles, perdre quelque peu de

leurs droits. La plupart des auteurs modernes adoptent cette opinion. Nous ne parlons pas, bien entendu, de ceux qui suivent en droit français la maxime de Paul et d'Ulpien; pour eux cette question ne peut s'élever, puisque l'héritier cesse d'être débiteur des créanciers héréditaires séparés. Les partisans de cette opinion ont au moins le mérite d'être logiques dans leur doctrine.

Mais revenons à la doctrine qui veut que les créanciers héréditaires ne puissent se venger sur les biens de l'héritier qu'après le payement des créanciers de cet héritier. *Papinien* soutient cette doctrine, *Lebrun*, *Pothier* suivent *Papinien*, la plupart des auteurs qui ont écrit sur le Code civil partagent cet avis; nous avons cependant de notre côté quelques auteurs, et des meilleurs [1].

Nous l'avouons, nous sommes encore à nous demander sur quels principes nos adversaires basent leur opinion. Tous invoquent l'équité! Cet argument est en général celui des opinions qui se soutiennent mal, et ce qui est équitable pour l'un ne l'est pas pour l'autre; nous voudrions arriver à une discussion dans une question aussi capitale, mais nos adversaires ne nous donnent aucun argument de droit. Ils affirment au nom de l'équité. Pour nous, nous affirmons le contraire au nom des principes, et nous disons : Les créanciers héréditaires, après avoir exercé leur privilége de séparation, viennent concourir sur les biens de leur débiteur, l'héritier avec les autres créanciers de l'héritier. En cela ils ne font qu'user du droit que possèdent tous les créanciers privilégiés qui n'ont pas obtenu leur payement intégral sur les biens affectés spécialement à leur

---

[1] Merlin. *Rép.*, vᵒ *Sép. des patr.* — Chabot, 878. — Toullier, IV, nᵒ 548.

créance. Ils étaient devenus créanciers de l'héritier par l'acceptation de cet héritier; ils ont usé d'un privilége que la loi leur donne, et nous ne pouvons voir dans cet exercice d'un droit la cause d'un autre droit naissant au profit des autres créanciers de cet héritier, droit qui serait un nouveau privilége. Quant à nous, nous n'avons vu ce nouveau privilége mentionné dans aucun article du Code, et jusqu'à ce qu'une nouvelle loi vienne lui donner naissance, nous nions énergiquement son existence.

55. Il est évident que les créanciers privilégiés de l'héritier qui auraient un privilége primant tous les autres primeraient le privilége de séparation. Ceci a été contesté; cependant, puisque les créanciers héréditaires sont créanciers de l'héritier, ils doivent supporter les conséquences de cette situation; et, de même qu'ils peuvent venir en concours sur les biens de cet héritier avec les créanciers personnels de cet héritier, de même ils doivent céder le pas aux créanciers privilégiés, qui ont une créance sacrée.

56. Parmi les créanciers de l'héritier on compte les créanciers qui n'ont pas demandé la séparation, quoiqu'ils fussent créanciers du défunt. Ces créanciers apporteront dans la masse ce qu'ils auront eu dans la distribution du patrimoine séparé; ils diffèrent en cela des créanciers héréditaires qui ont demandé la séparation, mais qui n'arrivent pas en ordre utile. Ceux-là gardent pour eux ce qui leur est alloué des biens du défunt par suite de l'inscription utile de leurs cocréanciers. Ceux au contraire qui non-seulement ne viennent pas en ordre utile, mais qui n'ont même pas pris inscription, ont bien contre leurs cocréanciers inscrits

utilement le même recours que nous avons dans le § 1ᵉʳ de ce chapitre accordé aux créanciers inscrits dans un mauvais rang. Mais ce que leur donnera ce recours devra être mis dans la masse des biens de l'héritier dont ils sont les créanciers purs et simples, car si leurs cocréanciers héréditaires n'ont pas le droit de profiter de leur non-exercice du droit de séparation, eux, de leur côté, ne peuvent trouver dans ce droit auquel ils ont renoncé une cause de préférence contre les autres créanciers personnels de l'héritier, qui, en vertu de l'article 2092, ont un droit égal au leur sur les biens de cet héritier.

---

*Remarque.* — Pendant que notre travail était à l'impression, il a été promulgué une loi nouvelle sur la transcription. Cette loi, par le dernier paragraphe de son article 6, détruit une partie des propositions que nous avons soutenues dans notre thèse. Il nous eût été difficile de recommencer en vue de cette loi un travail achevé. L'eussions-nous fait, nous aurions été le premier à commenter une loi dont l'explication peut soulever de graves questions. Ce rôle est au-dessus de nos forces.

# POSITIONS.

---

## DROIT ROMAIN.

1° Il y a antinomie au Digeste entre la loi 1, § 17, la loi 5 et la loi 3 , § 2, du titre *De separationibus;*

2° La caution dont parle la loi 4 *De separationibus* n'est pas la caution réelle représentée par les biens du défunt;

3° La séparation embrasse tout le patrimoine du défunt;

4° La constitution d'une servitude faite par l'héritier sur un bien héréditaire doit être respectée par les créanciers qui demandent la séparation;

5° La loi 3 *De separationibus* ne contient pas une dérogation aux règles sur l'extinction des actions;

---

6° L'extension donnée par Justinien au bénéfice de compétence n'est pas dépourvue de toute utilité;

7° Le créancier qui a reçu son payement d'un pupille *sine tutoris auctoritate* peut, en offrant de restituer ce qui lui a été donné, exiger un nouveau payement.

---

## DROIT FRANÇAIS.

1° Le droit résultant de l'art. 2111 est un privilége;

2° L'art. 834 C. pr. civ. s'applique au privilége de séparation;

3° Les créanciers héréditaires ont intérêt à demander la séparation d'une succession acceptée sous bénéfice d'inventaire;

4° Les créanciers héréditaires qui n'ont pas obtenu leur entier payement sur les biens séparés viennent en concours avec les créanciers personnels de l'héritier sur les biens de cet héritier;

5° Tous les créanciers héréditaires sont admis à demander la séparation;

6° La négligence d'un créancier héréditaire ne peut pas profiter au créancier héréditaire diligent;

7° La diligence d'un créancier héréditaire peut profiter au créancier héréditaire négligent;

8° La courte prescription de l'art. 880 ne s'applique pas aux meubles incorporels;

9° L'obligation de garantie est indivisible;

10° Le débiteur qui a payé la chose d'autrui ne peut pas répéter contre le créancier ce qu'il a payé.

## DROIT CRIMINEL.

1° L'action civile ne se prescrit pas par le même temps que l'action publique;

2° On ne doit pas citer, même à titre de renseignement, les personnes énoncées dans l'art. 322 du Code d'instruction criminelle.

## DROIT ADMINISTRATIF.

Lorsqu'un établissement de première ou de deuxième classe a été autorisé et maintenu dans les conditions de son autorisation, les voisins lésés par son fonctionnement régulier ont une action en dommages-intérêts contre le propriétaire.

---

## HISTOIRE DU DROIT.

L'origine de la communauté est dans les communautés serviles.

---

## DROIT DES GENS.

L'étranger ne jouit en France que des droits civils qui lui sont conférés par une loi spéciale.

*Vu par le Doyen,*       *Vu par le Président de la thèse,*

A. PELLAT.      COLMET-D'AAGE.

PERMIS D'IMPRIMER :

*Le Vice-Recteur,*

CAYX.

9 782014 088182